NOSSA CONEXÃO COM AS ENERGIAS

Respostas para as questões mais importantes da vida

Betty F. Balcombe

NOSSA CONEXÃO COM AS ENERGIAS

Respostas para as questões mais importantes da vida

Tradução
TEREZINHA BATISTA DOS SANTOS

EDITORA CULTRIX
São Paulo

Título do original:
The Energy Connection
Answers to Life's Important Questions

Publicado pela primeira vez por Judy Piatkus (Publishers) Ltd.

Edição	Ano
1-2-3-4-5-6-7-8-9	95-96-97-98-99

Impresso em nossas oficinas gráficas.

A todas as pessoas que,
procurando sempre mais,
ajudaram a tornar possível este livro.

Sumário

Introdução

Desde a infância, tomei consciência da minha "estranheza" e da minha sensação de "ser diferente", mas, aos poucos, aprendi a entender as pessoas e a me integrar com elas, embora comumente as achasse muito estranhas e confusas; elas, por sua vez, constantemente sentiam medo de mim, às vezes, procuravam me aceitar e aceitar a minha "estranheza"; eu "via" cores e energias, "tinha consciência" das pessoas e dos seus problemas, e sentia a energia de cura se transferir de mim para elas quando tinham alguma necessidade.

Por fim, investigando o meu ser interior e questionando avidamente todas as pessoas que encontrava e que tinham uma teoria sobre a percepção mediúnica e espiritual, descobri quem e o que sou. Sou o que as pessoas chamam de médium, o que significa que sou capaz de doar energia de cura a pessoas que apresentam algum desequilíbrio energético e que estão doentes, para que possam ajudar a si mesmas. Também consigo entrar em sintonia com o campo áurico que circunda a todos nós, e sou capaz de traduzir em palavras o que sinto. Desse modo, ajudo as pessoas que estão com problemas e que se sentem confusas, para que possam compreender e escolher o seu caminho na vida.

Na adolescência, eu já começava a fazer "leituras" para quem quer que me solicitasse para tanto. Descobri, olhando atentamente as pessoas ou qualquer objeto nas proximidades, que conseguia falar a respeito delas e das conseqüências de seus atos. Passei a utilizar, a desenvolver essa habilidade e a combinar as sessões de energia de cura e as interpretações, a fim de descobrir a causa da enfermidade ou do desequilíbrio.

Por fim, perguntaram-me se eu ensinaria aquilo que havia aprendido e que praticava. Assim, começaram as minhas aulas de desenvolvimento mediúnico e espiritual.

Venho praticando minha filosofia de vida ao longo dos anos. Creio que todos os seres pensantes têm direito ao conhecimento, que ninguém é dono do caminho perfeito da vida e que precisamos questionar e vasculhar nossas percepções interiores, nosso conhecimento físico, nossa conexão espiritual e a sabedoria de nossa alma, a fim de encontrar o nosso caminho na vida. Fazemos isso por meio do debate, da troca de idéias, de teorias e de percepções. A comunicação é necessária para eliminar o medo e, depois que fizermos isso, para libertar os nossos pensamentos.

Em 1988, escrevi meu primeiro livro, *As I See It...*, a pedido das pessoas que haviam participado das minhas aulas de desenvolvimento mediúnico e espiritual, e dos que haviam me procurado ao longo dos anos pedindo ajuda ou querendo conhecer mais as minhas idéias e a minha filosofia.

Por meio dessas pessoas e de "vias secretas", *As I See It...* tem sido adquirido por pessoas do mundo todo. Originariamente, o livro seria uma edição particular, destinada aos que me conheciam; entretanto, hoje ele já foi lido por muitas pessoas que não me conhecem pessoalmente, mas que buscam a compreensão de um tema em que são comuns as idéias antiquadas, o medo e a confusão.

Desde a publicação de *As I See It...*, foram tantas as pessoas que solicitaram de mim um segundo livro que decidi escrever *Nossa Conexão com as Energias.*

Nossa Conexão com as Energias faz parte da busca da clareza e da eliminação do preconceito e do medo que ainda envolvem as questões mediúnicas e espirituais. Além de responder às perguntas e de atender aos pedidos por parte dos amigos quanto a informações mais detalhadas dos alunos e dos leitores, este livro inclui também material de palestras improvisadas que tenho feito, as quais foram gravadas na ocasião e transcritas posteriormente.

Meu objetivo é levar você, leitor, a uma viagem tranqüila passando por uma variedade de temas. O fio condutor é a energia como força vital. Dividi o livro em quatro partes principais, pois, dessa forma, ele flui mais naturalmente; cada seção forma um degrau para a seguinte, oferecendo, assim, pausas para pensar e repousar.

Neste livro, incluí uma variedade de assuntos, que se estendem de "Os três níveis da vida" até "O fim de uma vida física", de "A energia da comunicação" até "A energia que está por trás dos números". Escrevi a respeito da energia de cura e da combinação de energias para a celebração, e concluo respondendo perguntas que freqüentemente me são feitas, acreditando que serão do interesse das outras pessoas.

Para mim foi muito prazeroso selecionar pensamentos, anotações, perguntas e idéias para este livro. Agora, eu os ofereço a vocês, e espero que desfrutem o seu caminho através deles tanto quanto eu o usufruí ao escrevê-los.

Betty F. Balcombe

Prefácio

Nosso espírito é a nossa força vital ao longo de uma vida na terra. Nossa alma é o nosso Eu superior, o nosso verdadeiro ser, e está sempre em contato com o nosso espírito.

Somos seres que devem ser considerados em três níveis: no nível do corpo físico, no do corpo espiritual e no do corpo anímico. Juntos, eles compõem o nosso ser e, para honrar o nosso ser total, precisamos cuidar de cada um desses corpos, concedendo a cada qual respeito, dignidade e atenção, para que possamos levá-los às outras pessoas e mostrar, por exemplo, que a vida pode ser bela e viável, se praticarmos a solicitude e a responsabilidade. Quando não honramos a nós mesmos, nossa energia desaparece e nós nos tornamos invisíveis.

Nem sempre a vida é bela ou generosa; ela pode ser até mesmo cruel e injusta, mas nós fazemos parte de tudo o que acontece a nós e às pessoas. Quando encontrarmos o nosso silêncio interior e acreditarmos no nosso direito de viver com paz e dignidade, superaremos todos os obstáculos, e ajudaremos as pessoas a fazerem o mesmo.

A prática não traz a perfeição — a prática cria a possibilidade.

Parte I

Comunicação

1
Comunicação

Compartilhar experiências, falar e ouvir são atividades fundamentais para que possamos alcançar a expansão e o equilíbrio. A maneira como colhemos esse fruto é importante.

O conhecimento e a compreensão proporcionam força e capacidade para escolher o melhor caminho em qualquer situação. Nossas necessidades mudam à medida que evoluímos na vida. Aumentamos o nosso repertório de conhecimentos, assimilando e crescendo a fim de incorporar tudo o que uma nova linha de energia nos oferece; ou permanecemos imóveis, temerosos, agarrando-nos a outras pessoas e aos períodos de crise no passado.

Um conjunto de lições deve ser estimulante, deve possibilitar o surgimento de perguntas, deve oferecer respostas compreensíveis, deve ser lógico, benéfico, deve ser alguma coisa que possamos dar e receber. Tudo o que se aprende deve ser compartilhado. Qualquer curso voltado especificamente para o eu espiritual deve incorporar o eu físico, e vice-versa. Eles não podem ser separados; necessitam um do outro para existir. Se estamos em harmonia, transmitimos harmonia para as outras pessoas. Se estamos em desarmonia, podemos sorrir, das conselhos e mostrar que estamos ouvindo, mas a energia que transmitimos não tem qualidade e consistência; as pessoas sentem isso, causando confusão.

Nossa sensibilidade é muito maior quando estamos calmos e atentos, seja falando ou ouvindo. Quando estamos sempre falando, damos pouco e ouvimos menos ainda. Se estamos calmos e atentos, podemos fazer uma pausa para formular perguntas e respondê-las. A energia que transmitimos provém da nossa própria fonte e necessidade de conhecimento. Insistir teimosamente que estamos certos não estabelece uma verdade. Pessoas inseguras com relação ao tema sobre o qual estão discorrendo, ou repletas do que acreditam ser uma verdade, têm medo das perguntas, pois sua convicção pode ter falhas que elas não estão dispostas a reconhecer. Os que alcançaram a paz e a harmonia interior concordam em discutir, pois sabem que sempre existe algo a acrescentar ao conhecimento e se dispõem a ouvir outras opiniões. Interessam-se por perguntas e respostas, e têm condições de ouvir. Se agimos em silêncio no nosso canto e observamos, somos capazes de sentir a energia inerente às palavras, e, então, podemos dar uma contribuição significativa.

Todos temos conhecimentos e experiências para compartilhar. O tempo todo estamos assimilando coisas, às vezes sem saber, enquanto observamos as pessoas em nossa vida. Certas pessoas falam muito pouco porque têm medo de expressar uma opinião e parecer ignorantes, ou têm medo de ser motivo de riso. Elas possuem conhecimentos e experiências para dividir com os outros, mas os mantêm escondidos. Se nos agarramos a tudo o que aprendemos ou vivenciamos, nossa capacidade de avaliar o que acumulamos é limitada.

Os seres humanos, em seu estado natural, têm um instinto de sobrevivência muito forte. O bebê e a criança são bastante conscientes da necessidade de sobrevivência. Se observarmos uma criança pequena, iremos notar que ela levanta a cabeça, praticamente farejando o ar, antes de entrar numa sala. Quando entra num lugar desconhecido ou conhece outras pessoas, ela se detém na entrada ou permanece ao lado da pessoa em quem confia. As crianças não são tímidas, como pensam alguns; elas ouvem os sons do lugar e sentem as pessoas a fim de verificar se podem entrar com segurança. Se não têm tempo de se aclimatar e são forçadas bruscamente a participar, elas podem se mostrar retraídas ou demasiado ativas. Se conseguem se comunicar com a energia à sua volta, fazer uma pausa e sentir o ambiente, via de regra elas entram tranqüilamente logo depois. Seus sentidos lhes dizem em quem podem confiar.

Grande parte de nossos pensamentos caracteriza-se pelo medo, pois não nos comunicamos com as pessoas. Idéias e teorias das mais variadas origens podem ser estimulantes, mas, se forem transmitidas como verdades apenas porque têm resistido aos anos, podem ser desorientadoras. Muitas delas são reescritas e modificadas ao longo dos anos, acabam por assumir o significado em que as pessoas acreditavam e perdem seu verdadeiro sentido.

Teorias e opiniões podem mudar com novos conhecimentos, e o questionamento revela os pontos fortes e fracos dessas teorias. Uma idéia ou teoria não se torna verdade porque resiste ao tempo e é repetida ao longo dos séculos, nem porque o interlocutor é muito conhecido ou sábio.

As teorias mudam com o passar do tempo, e as consciências individual e universal da humanidade se expande. A expansão e a compreensão são impossíveis se não permitimos a análise de velhas convicções à luz do conhecimento atual. A informação e o conhecimento estão em constante mudança, e o que era ou não aceitável no passado pode ser reavaliado.

O orador expõe uma idéia; o ouvinte questiona, aceita ou rejeita essa idéia. Todos têm necessidade de questionar e de responder uns aos outros. Isto é expansão.

A escassez de mentes abertas atrelou o debate ao preconceito e às opiniões preestabelecidas, e determinadas palavras e temas provocaram medo e terror em muitas pessoas, o que ainda ocorre nos dias de hoje.

É muito importante a forma como utilizamos as palavras. As palavras são energia e criam formas-pensamento. Podem fomentar a imaginação, o medo, a excitação, a depressão, a alegria ou o bem-estar.

O medo

É muito fácil ter uma visão distorcida do mundo. Os jornais e a mídia expõem constantemente o terror, a crueldade e as catástrofes da vida. Uma pessoa cujo trabalho é ajudar os enfermos, os amedrontados e os que não conseguem suportar as pressões está sempre ouvindo os medos e as preocupações do dia-a-dia. Às vezes, todos acreditamos que a sociedade está cheia de pessoas fracas, aterrorizadas, maltratadas e com algum tipo de sofrimento. O medo e a crueldade são maiores porque nós nos multiplicamos e também porque vivemos mais próximos uns dos outros. Todos tememos ser molestados e atacados por pessoas e situações, e quanto mais possuímos bens e vivemos confinados, mais sentimos medo da perda. O medo é contagioso, e se espalha com velocidade alarmante. O contrário também acontece: quanto maior o número de pessoas como nós, mais positivamente podemos agir. Existe também mais solicitude e compreensão, que podem ser transmitidas se nos permitirmos utilizá-las.

A energia de medo que emitimos alimenta o tipo de pessoas e situações que tememos, as quais florescem nessa energia de medo, absorvendo-a para assim se tornarem mais fortes. Esse tipo de troca de energia não se dá apenas de pessoa para pessoa, mas engloba toda a nossa sociedade. As vítimas em potencial alimentam agressores em potencial. O medo alimenta aquilo que tememos. A energia da comunicação, contudo, também pode ser socialmente enaltecedora e vivificante. A energia não escolhe a natureza e a qualidade que ostentam os seres humanos lhe conferem uma forma e a utilizam. O mundo não é o culpado de nossos problemas, mas sim as pessoas. Ouça e difunda a boa nova: existem milhões de pessoas de boa vontade, utilizando ativamente sua energia na tentativa de melhorar a qualidade de vida.

Atenção

Muitos de nós se referem sem nenhuma atenção à origem de nossos pensamentos, ao destino de nossas palavras ou ao efeito que exercem sobre outra pessoa. Por exemplo, algumas pessoas estão sempre pedindo desculpas, quando na verdade não têm nada que ver com o que aconteceu. Isso tira das pessoas realmente envolvidas o direito de esclarecer a sua situação. Existe também a frase "Cuide-se" que é desperdiçada e lançada sobre alguém sem nenhuma atenção, e a pessoa é imediatamente esquecida. Expressar esse desejo com a energia do interesse constitui um presente afetuoso e encorajador. Quando é feito sem energia, não tem valor.

Energia mediúnica e médiuns

A palavra "médium" provoca muita apreensão nas pessoas que não têm conhecimento ou compreensão do tema.

A pessoa que é médium possui uma energia extra e a capacidade de doar essa energia às outras pessoas para que elas possam curar a si mesmas. Os médiuns também "vêem", "sentem" ou "conhecem" determinadas informações a respeito da outra pessoa. Trata-se de uma aptidão natural, e a energia mediúnica pode ser transmitida de muitas outras maneiras, manifestando-se por meio da música, da arte, do teatro, da literatura, das profissões que cuidam das pessoas, e da comunicação em toda a sua diversidade. Muitos médiuns só têm consciência de que possuem essa energia suplementar quando acontece alguma coisa fora do comum que lhes chama a atenção para o fato. Os médiuns não são pessoas especiais, mas são diferentes. Isso pode lhes trazer desequilíbrio e medo, se não compreendem o que os torna diferentes; pode também causar apreensão nas outras pessoas, caso venham sentir a diferença e não consigam encontrar uma explicação racional para o fato.

Os médiuns são pessoas comuns, com necessidades comuns e cotidianas e, assim como todas as outras pessoas, precisam dormir, tomar banho, comer, vestir-se; têm flutuações de humor, preocupações, egos inflados, inclinações e aversões; cometem erros, fazem coisas maravilhosas, são generosos, gananciosos, amorosos, cruéis; são inteligentes, estúpidos, teimosos; têm pouca ou muita auto-estima. Sob esse aspecto, os médiuns não são diferentes de ninguém. Ser religioso não significa que a pessoa seja médium, assim como ser médium não significa que uma pessoa seja religiosa. Um médium pode ser totalmente egocêntrico ou pode ser prestativo e solícito. Pode usar sua aptidão para ajudar as pessoas a adquirir responsabilidade e força mental; pode, por meio das promessas, das ameaças e/ou do medo, atrair pessoas fracas, fazendo-as obedecer pelo medo. Certas pessoas seguem o médium porque este irradia luz e energia, proporcionando o conhecimento de uma forma de vida melhor. O médium pode fascinar com a voz, qualquer que seja o conteúdo de sua comunicação. Alguns médiuns são profundamente religiosos, honestos e solícitos, conscientes de sua energia e da responsabilidade inerente a ela.

Muitos médiuns usam a sua aptidão para a cura e para a comunicação em vários níveis, e são aceitos porque é notório o levarem uma vida aceitável e transparente. Não aparentam ser o que não são e preocupam-se com a qualidade de vida e com a saúde mental, física e espiritual. São abertos ao debate, e respondem a perguntas sobre o seu trabalho.

Ninguém tem poder espiritual sobre outra pessoa, mas podemos aumentar a energia de outrem se acreditamos que ela tem um poder superior, e, desse modo, optamos por nos submeter às suas ordens. A escolha é nossa. Todos os seres possuem força interior, e cabe a eles decidir como usá-la. Por maior que seja a vitalidade, a energia e o dom da fala de uma pessoa, ela não pode ter poder sobre outra pessoa, exceto se essa pessoa decidir acreditar nesse poder e colaborar para tal.

Certos médiuns transmitem a outras pessoas mensagens aparentemente ditadas por espíritos ou entidades espirituais.

Canalização

A palavra "canalização" é muito utilizada. Comumente, significa as informações de uma fonte externa ao transmissor e que não provêm dele. Entretanto, a palavra não explica de onde vem a voz ou a mensagem. É tolice supor que todas as mensagens transmitidas através de um canal vêm de uma alma altamente evoluída, ou que toda informação tem valor.

Deve-se questionar por que uma voz com um sotaque diferente, falando através de uma pessoa dita "canalizadora", precisa de um sotaque. Se o canalizador fala sem sotaque, este pode ser uma simulação. Se a voz é de uma pessoa fisicamente morta, mas conhecida em vida com sotaque, isso pode ser prova de um contato. Uma alma não precisa receber aulas de idiomas para se comunicar. Ela utiliza o idioma usado numa vida anterior ou o usado pelo canalizador nesta vida. Deve-se perguntar ao "comunicador" quem e o que eles são e onde estão.

Algumas comunicações supostamente canalizadas provêm do desejo subconsciente do orador de chamar a atenção. Certas vozes são um disfarce usado pelo médium capaz de sentir e de transmitir informações genuínas às pessoas; contudo, as informações são mais convincentes e aceitáveis para os ouvintes se forem transmitidas com um sotaque estrangeiro, supostamente de uma alma altamente evoluída. Essa prática permite que o médium pareça distanciado e sem nenhuma responsabilidade pelo que é dito. Tudo isso pode ser feito inconscientemente ou propositalmente.

Algumas pessoas podem se comunicar com sua própria voz, a partir de sua ligação com o espírito e com a alma de maneira profunda, bela e inspirada sabendo exatamente o que estão dizendo e assumindo a responsabilidade pelo que dizem. Outras pessoas se comunicam dessa maneira, e não têm consciência do que é dito, mas a qualidade da comunicação é evidente, e, na maioria dos casos, as perguntas são acolhidas e respondidas. Essas comunicações possuem grande qualidade e são precisas. Não ameaçam, não valorizam determinadas religiões ou crenças, mas procuram unir os ouvintes à sua própria alma e ao seu milagre interior, cumprindo, devidamente, a sua real função.

Qualquer comunicação feita supostamente por um espírito ou por uma entidade espiritual deve ser tratada com cuidado pelo emissor e pelo receptor. A verdadeira comunicação de uma alma superior incentiva a escolha, o livre-arbítrio e a responsabilidade do indivíduo. As informações pessoais em geral são obtidas junto ao nosso próprio espírito, à nossa alma ou a uma experiência de vidas passadas. As pessoas em sua maioria têm dificuldade para reconhecer a maravilha de suas almas. Ficam bastante satisfeitas ao receber uma comunicação feita supostamente por uma energia superior a elas mesmas, mas não podem aceitar a sabedoria que provém de si próprias. Nem sempre o que aparentamos ser física, mental e espiritualmente nesta vida constitui uma indicação do que tem sido conquistado, em conhecimento e sabedoria, por nossas almas. Para o nosso Eu superior, a nossa alma, é natural a comunicação conosco através do nosso espírito, por meio de nossos sentidos físicos.

Quando recebemos informações de significado e beleza profundos, elas não precisam se originar necessariamente de outro ser. Nós nos comunicamos com o nosso ser tríplice — a alma, o espírito e o físico — e compreenderíamos e nos harmonizaríamos mais uns com os outros e com a vida se pudéssemos reconhecer que todos temos potencial para sermos maravilhosos. Estamos fisicamente vivos neste planeta há milhões de anos, e durante todo esse tempo temos evoluído como almas. Se aceitássemos a grandiosidade e a importância desse prodígio constante, aprumaríamos o corpo e viveríamos à altura da nossa grandeza.

"Oculto" e "Magia"

Muitas pessoas ficam extremamente assustadas com as palavras "oculto" e "magia". Sentem muitos medos e têm superstições, mas têm pouco conhecimento. Esse medo do desconhecido é estimulado, e os que adoram ter poder sobre as pessoas envolvem esses temas numa nuvem de mistério para servir a seus propósitos.

Em primeiro lugar, o significado básico das palavras precisa ser compreendido para que se tenha uma visão mais correta. Segundo os dicionários:

Oculto significa: estar escondido, ser desconhecido;
Magia significa: feitos inexplicáveis ou desconcertantes.

Sem dúvida, isso constitui um desafio para descobrir mais, para não agir como a avestruz.

Muitas coisas consideradas "ocultas" e "mágicas" em outras épocas são hoje aceitáveis, e já foram incorporadas ao nosso cotidiano. Em outras sociedades de todo o mundo, o que é aceitável para nós pareceria magia: aviões, telefones, televisão, fotografias, eletricidade podem assustar as pessoas que não compreendem. Quando esses fatos são explicados, desaparece o medo dos feitos inexplicáveis ou desconcertantes e desconhecidos.

Tememos a "magia" de outras culturas assim como estas temem a nossa: feitiços, maldições, mover objetos inanimados, promover a mudança do tempo são todos feitos desconhecidos para nós. Para outras culturas, eles são normais, compreensíveis e aceitáveis. Enquanto não investigarmos e adquirirmos o entendimento, continuaremos a ter medo uns dos outros e da vida.

Todos temos medo do desconhecido em algum momento, medos ocultos e secretos que tentamos ignorar; entretanto, através da comunicação, do debate e do entendimento, podemos lançar luz sobre temas que são tabus. Assim, pessoas que dominam outras pelo medo e ganham dinheiro com a aflição alheia, para a qual contribuem, terão muita dificuldade para prosseguir com as suas práticas.

A incompreensão pode ser afastada, seja ela causada pela falta de entendimento das palavras, das aptidões, dos poderes, das crenças ou dos objetos mecânicos. Quando o oculto é visto e compreendido, o desconhecido investigado, o inexplicável e desconcertante examinado, o que causava tanto medo se torna interessante e natural. Tudo é energia e pode ser explicado. Se no momento não podemos explicar todas as coisas, devido à nossa falta de conhecimentos e de comunicação, isso não significa que não haja respostas.

Vício

As energias da vida vez por outra podem entrar em desequilíbrio em todos nós; o vício é um desequilíbrio no campo energético da pessoa. A palavra "viciado" é usada como rótulo para muitas pessoas que não têm controle em relação a determinadas substâncias ou atitudes. Costumamos considerar o vício como uma fraqueza nos outros.

O vício é uma característica humana. Todos os seres humanos podem ser e são viciados de várias maneiras. Na maioria dos casos, a necessidade é canalizada para outra pessoa, para o trabalho, para a religião, para uma idéia, para um objeto, para um esporte ou para um *hobby*. Essas pessoas não se consideram viciadas, mas privá-las do seu foco de interesse as pode levar a apresentar sintomas de retraimento, fazendo com que percam amiúde o interesse pela vida e que deixem de cuidar de si mesmas, exatamente como fazem outros "viciados".

Certos vícios são inofensivos para a pessoa em questão e para as demais, mas outros são muito perigosos e não apenas prejudicam a vida e o bem-estar do viciado, mas também de outras pessoas.

Se uma pessoa é viciada em determinada substância que leva à autodestruição, afastá-la do objeto de seu desejo provoca crises em todos os níveis. Essas pessoas precisam de carinho, de compreensão, de desintoxicação e de alguma coisa para substituir o vício. Antes de iniciar o processo de desintoxicação, deve-se introduzir o substituto, verificando se este é útil ou prejudicial.

Todos temos potencial para sermos viciados em alguma coisa; devemos reconhecer esse fato e, desse modo, compreender e cuidar das pessoas cujos vícios se tornaram prejudiciais à vida e são considerados anti-sociais.

Energia negativa e possessão

Certas pessoas são informadas de que seu comportamento é causado por uma "entidade", ou de que estão "possuídas".

A palavra "possessão" é usada por aqueles que acreditam na existência no ambiente de espíritos do mal que se apoderam dos incautos. Não existem espíritos, maléficos ou não, aguardando furtivamente o momento de se apoderar de alguém. A energia espiritual está ligada ao seu corpo físico ou à sua alma.

As energias que nos cercam e afetam são criadas por nossas próprias atitudes na Terra, enquanto seres físicos. Essa energia humana pode ser transmitida e aceita, consciente ou subconscientemente. Quando trabalhamos ou vivemos num ambiente impróprio, em condições difíceis ou com pessoas deprimidas ou assustadas, podemos captar, através da nossa aura, a essência dessas energias. Entretanto, com igual constância e naturalidade, repelimos tudo o que é estranho à nossa aura quando estamos bem e nos sentimos no comando. Se nossa energia é enfraquecida devido à constante exposição a situações inadequadas, nós atraímos energia negativa das pessoas e nos agarramos a ela. Então, podemos acrescentar a essa energia o nosso próprio medo, através do que vemos, do que lemos e das pessoas com quem convivemos. Essa essência negativa pode fixar-se gradativamente na nossa camada áurica eletromagnética, que está próxima do nosso corpo físico, e isso pode afetar o nosso comportamento e os nossos pensamentos. (Ver páginas 149-164, sobre a energia da aura.) A possessão não é o espírito de outra pessoa, mas a nossa tendência a permitir que energias estranhas se estabeleçam à nossa volta e se alimentem com os nossos próprios medos e desejos.

Limpeza da aura

Um médium veria essa energia estranha num tom azul bem escuro, que pode parecer negro, sobretudo em torno da cabeça e dos ombros da pessoa, às vezes predominando em um dos lados. Isso acontece porque essa energia está causando um desequilíbrio na aura. A limpeza da aura e a sintonia mediúnica com a pessoa, a fim de localizar as causas da formação energética, são as primeiras providências a serem tomadas. A pessoa influenciada, cujo comportamento é inaceitável ou incomum, terá de querer mudar aspectos de sua vida, afastar-se, o mais rápido possível, do que dá origem a essa energia — a casa, o trabalho, o meio ambiente ou certos locais (quando a pessoa assiste a atividades inaceitáveis para seu espírito ou participa delas). Tudo o que afeta o físico é registrado na aura e afeta o espírito; tudo o que é registrado pelo espírito afeta o físico. Todas as energias transmitidas por cada um de nós afetam os demais.

Bloqueios

Certas palavras são muito usadas para explicar o desequilíbrio e a perturbação. Nem todas as pessoas compreendem essas palavras da mesma maneira. Quando se diz a uma pessoa que um de seus centros está "bloqueado" (ver páginas 39-43, sobre os centros energéticos ou chakras), cria-se a imagem de uma obstrução total e a sensação de "bloqueio" é criada ou intensificada. Isso, por sua vez, pode fazer com que um desequilíbrio menor se torne um problema maior.

É impossível "bloquear" um centro de uma criatura viva. O centro pode receber energia insuficiente ou excessiva, o que pode afetar intensa ou levemente a energia da aura, mas o centro não pode ser "bloqueado".

Uma desventura emocional não produzirá a interrupção da energia. Ela irá desequilibrar o centro emocional e, conseqüentemente, todos os outros centros energéticos serão afetados, pois todos os centros estão representados nos demais. Se se diz a uma pessoa que sua carência de amor é causada por um "bloqueio" no seu centro emocional, ela poderá usar isso como motivo para o seu alheamento, aceitando o rótulo sem nada fazer para melhorar a situação. O amor começa interiormente, quando aceitamos que todos podemos amar e ser amados, seja qual for a nossa aparência, a nossa cor ou o nosso físico. Se uma pessoa não se sente amada nem se sente digna de ser amada, ela poderá receber ajuda através do aconselhamento e da energia de cura. O começo do amor é a cura, e até que a pessoa esteja suficientemente forte para curar a si mesma, uma pessoa encarregada de ajudá-la pode proporcionar-lhe o apoio e a energia de que ela necessita para se fortalecer e estabilizar o centro.

"Estar ou não com os pés no chão"

"Estar ou não com os pés no chão" é outra expressão muito usada, que pode ser traduzida de muitas maneiras. Quando uma pessoa está se sentindo fora da realidade e incapaz de enfrentar a realidade da vida, comumente dizem-lhe que ela "não está com os pés no chão". O sentimento de irrealidade também pode surgir por ela estar *excessivamente* em contato com a realidade, e, sendo assim, a sua energia interior de autodefesa a leva a um desligamento. Essa pessoa precisa perceber quão profundamente ela está envolvida com as coisas materiais.

Certas pessoas se sentem fora da realidade porque estão com alguma insuficiência e precisam verificar sua dieta. A insuficiência pode causar delírios ou desligamento, e podem estar ocorrendo alucinações quando a pessoa afirma estar ouvindo vozes que lhe dizem o que fazer. O "desligamento" também pode acontecer durante uma situação emocionalmente muito forte, como, por exemplo, um canto ou a meditação em grupo. Nessas ocasiões, algumas pessoas têm uma ampliação da consciência que pode se assemelhar a uma experiência fora do corpo. Elas podem apreciar tanto esse estado que tentarão mantê-lo, vivendo parcialmente a realidade, como se estivessem num sonho. Perdem o contato com a realidade da terra e não querem ver a vida através dos olhos físicos, ou esqueceram o modo como isso é feito.

Este estado freqüentemente é confundido com as experiências fora do corpo. Quando o espírito deixa o corpo, a pessoa não consegue se mover e os pensamentos ficam a cargo do espírito. Portanto, se elas têm consciência do seu eu e são capazes de realizar movimentos físicos, mas se sentem acima ou fora de si mesmas, trata-se de um estado de expansão ou de ampliação da consciência. Elas estão sentindo a energia da aura através do corpo físico, o que provoca confusão, incapacidade de fazer escolhas ou tomar decisões, e pode lhes permitir observar a si mesmas de maneira desapegada, distanciadas de seu corpo, chegando, inclusive, a ouvir o seu eu físico falando, como se fosse outra pessoa, sem que se tenha responsabilidade pelas palavras que estão sendo ditas pelo eu físico.

Em determinadas circunstâncias, uma pessoa pode ter um dos seus centros sem muita atividade, o que produz uma sensação de distanciamento ou de vazio.

Uso e abuso da linguagem

As palavras muitas vezes são usadas sem compreensão e sem energia, descuidada e impensadamente. Muitas pessoas defendem pontos de vista aparentemente contrários quando, na verdade, concordam umas com as outras, mas o uso que fazem das palavras dá a impressão de que estão em lados opostos.

Quando se faz uma afirmação, não é preciso repeti-la depois, de outra maneira. A expressão tola "em outras palavras" provoca calafrios em muitos de nós, e a clareza pode se transformar em confusão com uma segunda e terceira explicações.

Quando participamos de uma reunião, de uma palestra ou seminário, ou temos uma conversa particular com alguém, devemos nos certificar de que estamos compreendendo o que está sendo dito. Perguntar depois a uma pessoa o que ela achou que foi dito traz à luz uma opinião, não uma resposta. Faça perguntas ao orador e ouça as respostas. Se necessário, faça outras perguntas até compreender. Ninguém é importante demais para ser questionado. Tomamos conhecimento do que sabemos por meio das perguntas que podemos responder.

Uma afirmação perspicaz vai além do pensamento superficial e do óbvio. Isso não significa que a compreensão se torna impossível. A profundidade e a sagacidade da afirmação devem primar pela clareza. A impossibilidade de entendimento do sentido não indica uma afirmação profunda. Uma pessoa cuja fala é enigmática, ou que se comunica de maneira incompreensível para nós, nem sempre é "profunda".

A reflexão profunda e a comunicação arrancam os disfarces e acabam com subterfúgios quando alcançam o espírito e provêm da alma.

Se é difícil entender um orador, não devemos nos considerar menos inteligentes ou pouco evoluídos espiritualmente. Busquemos a clareza e, dessa maneira, ampliemos a compreensão tanto da platéia como do orador.

Declarar que certas coisas são certas ou erradas não as faz certas nem erradas, nem significa que conhecemos as pessoas e aquilo com que estão envolvidas ou em que acreditam. Uma pessoa pode afirmar e acreditar que as coisas estão certas ou erradas, mas não pode questionar seus motivos para pensar assim. Se, ao contrário, usarmos as palavras "aceitável" e "inaceitável", poderemos tornar todas as coisas pessoais, e a compreensão e a ação tornar-se-ão possíveis.

Se as palavras e as ações são repetidas com freqüência, elas podem ser assimiladas e se tornar modelos aceitos por nós e pela nossa sociedade, via de regra com pouquíssimo questionamento ou compreensão. Se em outro país ou em outra sociedade as pessoas têm uma maneira de viver diferente, nos apressamos a condenar, nos assustamos e até mesmo atacamos, pois a diferença de padrão energético se sobressai e não combina com o nosso. Dizemos que eles estão errados e nós certos. Isso resulta em falta de compreensão, em crueldade, em opressão e em conflito. Discutindo nossas diferenças, todos nos beneficiamos com as idéias e com a troca de conhecimentos, e podemos nos compreender mutuamente, além de nos aceitarmos uns aos outros. Nenhuma pessoa ou país descobriu a maneira ideal de viver para todos, mas tão-somente a sua própria maneira, criada para si próprio a partir de sua história e de suas crenças. Isso não significa que um sistema seja "certo" e o outro, "errado". Muitas pessoas não reconhecem que os outros, cuja formação e cultura são diferentes, são iguais a elas, e cada cultura tem medo da outra, na convicção de que ela está certa e a outra, errada.

Se pudéssemos reconhecer que ainda não somos perfeitos e que não sabemos o que é melhor para todos, poderíamos aprender uns com os outros, e seríamos corajosos o bastante para admitir que não conhecemos as respostas para todas as perguntas sobre a vida neste planeta. Então, estaríamos em condição de ouvirmos uns aos outros e de partilharmos experiências, o que nos faria dar um passo à frente, rumo à condição de Seres Humanos.

Não temos de acreditar em algo só porque alguém afirma que é verdade, nem acreditar nas tradições porque têm sido transmitidas ao longo dos séculos. Não temos de acreditar nas coisas escritas apenas porque foram escritas há muito tempo. Tampouco temos de considerar verídicas as palavras de entidades supostamente espirituais, não importa o modo como sua mensagem foi recebida. Não temos de obedecer a instruções nem a ordens quando o nosso raciocínio e os nossos sentidos duvidam da veracidade dessas instruções e ordens.

Precisamos ouvir, pensar e, acima de tudo, sentir o que é aceitável para nós, segundo a nossa própria experiência. A humanidade é única neste planeta: não existe outra forma de vida na Terra que tenha a capacidade de raciocinar como nós.

As máquinas só funcionam quando alimentadas pela energia. Os seres humanos precisam pôr em movimento essa cadeia de fatos, e conservá-la assim. Nossa energia faz com que as coisas aconteçam. Se não reconhecermos nosso amplo fluxo de energia e não o utilizarmos com sabedoria, continuaremos a destruir as criaturas, as culturas, a nós mesmos e a Terra.

A comunicação em todos os níveis, por meio da música, da arte, da dança, da literatura, do cinema, é energia vital, e nós escolhemos a qualidade dessa energia em nossas vidas de acordo com o que decidimos absorver e aceitar.

As palavras são a nossa energia de comunicação cotidiana. A falta de comunicação ou o excesso de palavras traz o medo e a incompreensão. O ouvinte é tão importante quanto o orador, e define, por via das perguntas, a qualidade da energia da palavra recebida e compartilhada por todos nós. A qualidade de vida aumenta de acordo com a qualidade da comunicação.

O ar que nos envolve contém ondas de energia sonora transmitida a partir de muitas fontes. A energia do som proveniente de uma fonte de ordem e atenção produz harmonia. A energia sonora proveniente da desarmonia e da confusão transmite o caos e o medo, e todos somos afetados. Vez por outra, instala-se um caos sonoro completo, quando as ondas de ar ficam cheias de ruídos da televisão, do rádio e das pessoas, causando confusão, estafa e raiva em todos nós. Nas primeiras horas da manhã, os que estão acordados podem sentir uma profunda paz, pois toda a eletricidade e os ruídos que nos cercam diminuem consideravelmente, e a atmosfera parece límpida e mágica. Ao nascer do sol, nos sentimos inspirados e em comunicação com a vida dentro e fora de nós.

2

Os três níveis da vida: A alma, o espírito e o corpo

Nossas almas escolhem fazer parte de uma experiência física na Terra e, durante essa experiência física, contribuem por meio do espírito para a consciência da humanidade como um todo. O corpo físico é herdado, e incorpora lembranças e tipos humanos que participaram de sua criação ao longo dos séculos.

Nosso espírito brilha através da nossa aura, e faz parte da nossa alma, com a qual está em contínua relação. A alma não vem à Terra; ela permanece na espiral de energia que envolve o planeta. A alma evolui por meio das existências na Terra e da existência enquanto alma. Cada alma é individual, mas não individualista, e constitui um registro completo da nossa existência desde os primórdios da vida no planeta, há muitas eras. É constituída de todas as nossas experiências nas vidas passadas. Quando precisamos de ajuda e de novas experiências, nós as recebemos de nossa alma, por meio do nosso espírito. O espírito é um reflexo da alma e dela dimana, habitando o corpo físico durante sua permanência na Terra.

Nós somos seres de três níveis, quais sejam, uma alma, um espírito e um corpo, e é importante a maneira como harmonizamos e coordenamos esses três níveis. Não herdamos nossa alma de outras pessoas. Ela é o nosso verdadeiro ser, a nossa totalidade. Lembranças de nossas inúmeras vidas e experiências na Terra aumentam a energia da nossa alma, que procura ser responsável por si mesma, utilizando-se de todas as experiências adquiridas para evoluir. Todo o espaço é cheio de vida — a vida das almas. A energia vital de nossa alma permanece em torno do nosso planeta Terra.

A vida de nossa alma é a nossa realidade; nosso espírito é uma parte e um reflexo da energia da nossa alma, que opta por ter uma experiência física na Terra e que, por conseguinte, necessita de um corpo físico no qual possa viver. O campo energético do corpo físico permite ao espírito se relacionar, ter experiências e estar em contato com todas as coisas físicas; contudo, o nosso corpo físico é herdado dos nossos pais, que, por sua vez, herdaram o seu corpo de outras quatro pessoas, e o processo se perde no passado. Herdamos também o código genético de todos os ancestrais. Essa herança física pode apresentar defeitos e imperfeições nos seus processos cerebrais, físicos e mentais.

Possuímos um conjunto definido de experiências e de recordações a partir da nossa alma, na nossa vida física, conjunto que não é herdado de outras pessoas. A alma é a soma de todas as suas experiências.

O corpo físico

Enquanto estamos na Terra, fazemos parte da nossa alma, e conseguimos estabelecer contato com ela em todos os momentos, por meio da nossa energia espiritual. Pouco a pouco, a partir do nascimento, esquecemos o passado da nossa alma. Quando adultos, nos tornamos perplexos e perdidos, tentando compreender o que é a vida, perdendo constantemente o contato com o nosso Eu superior. Vivemos como um fragmento do nosso ser total, em vez de nos reconhecermos como parte da sua grandeza. Quando percebemos que fazemos parte da nossa alma, não conseguimos ser mesquinhos, não conseguimos ser desumanos, mas continuamos a conviver com as nossas limitações e com os nossos medos físicos, prejudicando a nós mesmos e as outras pessoas. Se todos nos voltássemos para dentro, para o nosso espírito, e nos elevássemos até a energia de nossa alma, alcançaríamos o nosso potencial maior, e a consciência do planeta como um todo sofreria uma mudança, beneficiando a todos nós.

Os humanos ainda não são Seres Humanos. Enquanto formos negligentes uns com os outros e com o planeta, estaremos provando que ainda não alcançamos a condição de um Ser, e não poderemos chamar a nós mesmos de Seres Humanos. Como acreditamos ter alcançado o nosso apogeu, não sentimos a necessidade de envidar todos os esforços. Admitindo que temos muito a aprender, podemos expandir e explorar, deitar fora as muletas e nos tornar fiéis a nós mesmos. Regras e leis só funcionam se todos concordamos em as seguir. O mesmo acontece com as estruturas pessoais. Precisamos verificar periodicamente se elas estão refletindo as nossas necessidades do momento. Cada um de nós é importante, é diferente e faz parte de um modelo maior. Não somos repetições nem cópias dos outros, mas uma nova mistura. A cada nova vida, estamos num corpo físico diferente, e o mundo e suas sociedades também são diferentes. A vida na Terra não permanece igual enquanto o nosso espírito está distante da sua alma; as pessoas e a vida na Terra continuam a mudar. Temos de reaprender a conviver a cada vez que vimos para cá; com os corpos, as famílias, os amigos e as sociedades diferentes. Tomamos decisões e fazemos planos com relação à nossa vida e ao nosso meio ambiente enquanto permanecemos na Terra. A vida não é previamente planejada. Temos o livre-arbítrio. Não somos limitados por vidas passadas; elas constituem experiências adquiridas em vidas concluídas, por mais incompletas ou inaceitáveis que possam nos parecer agora.

Aprendemos uns com os outros durante a nossa permanência na Terra, acumulando idéias e modelos que pertencem a outras pessoas. Aprendemos coisas sobre a guerra. Algumas pessoas nascem com a memória genética ou histórica do militarismo e da guerra. Isso não torna a guerra inevitável. O pensamento cria uma energia, e um sonho consciente cria a energia da realidade, para a construção ou para a destruição. Portanto, podemos criar a forma-pensamento capaz de acarretar as guerras. Quando dois países têm uma "rixa", há pessoas que imediatamente pensam e afirmam que a guerra é inevitável. Elas estão produzindo uma energia que se associa à memória comum das guerras passadas, a qual está à nossa volta, e aos poucos outras pessoas entram em sintonia com a memória da guerra e a intensificam. A guerra que não precisaria ocorrer se torna inevitável. A energia criada pela desavença é alimentada pela energia do medo da guerra, e esta se torna realidade.

Podemos nos recusar a participar da forma-pensamento da guerra, e falar da paz e das negociações, para que possamos começar a neutralizar a energia da forma-pensamento da guerra e esta possa ser evitada. Pensamentos de um planeta sem guerras e o esforço para a realização deste sonho torná-lo-ão realidade.

Muitas pessoas meditam e pensam na paz e no entendimento, o que promove a harmonia no mundo. A energia do pensamento positivo, aliada à ação mútua, realmente obtém resultados. Muitas situações conflituosas e perigosas têm sido evitadas mediante o debate. Podemos ver os resultados à nossa volta, entre os amigos, os familiares, os vizinhos e, de maneira geral, entre os países. Todos estamos conscientes da força do pensamento e da palavra.

Se reconhecermos que herdamos padrões e que podemos modificá-los, moldá-los e usar os que são melhores, perceberemos o que podemos alcançar, primeiramente como indivíduos, depois como comunidades.

Cuidar das nossas necessidades básicas não é egoísmo. Tampouco é egoísmo nos dedicarmos ao nosso ser interior, contanto que ajudemos as pessoas a fazerem o mesmo. Todas as pessoas são especiais e únicas, e todas são individuais. Ninguém é melhor nem pior do que ninguém. Às vezes, nos sentimos realmente maravilhosos, e em outras ocasiões inúteis, mas continuamos a ser entes muito especiais. Cada um de nós tem um papel na conquista da harmonia com todas as coisas. Algumas pessoas acreditam que nos assemelhamos a grãos de areia da praia — inúteis individualmente; mas se cada grão de areia fosse removido individualmente da praia, ao final não haveria mais praia. Cada grão de areia é importante, e contribui para o todo, assim como os humanos em relação à vida na Terra.

A vida possui padrões que mantêm as pessoas em harmonia; esses padrões, quando reconhecidos e utilizados, nos mostram a simplicidade da vida. Nós temos medo do despojamento da simplicidade; temos medo de olhar a vida de frente e perceber como ela é maravilhosa. Nós entramos em sintonia com o medo, anulamos a simplicidade e a escondemos, e o medo faz estragos e traz desarmonia livremente. Se pudéssemos ser um pouco mais corajosos, não acharíamos a vida tão difícil, pois veríamos quem e o que somos, e perguntaríamos a nós mesmos de onde vêm as dificuldades. Se a vida parecer caótica, e se for difícil encontrar uma solução, já que aparentemente nenhuma coisa surtiu o efeito desejado, procure descobrir a origem da confusão. Muitos de nós achamos que temos problemas, quando, na realidade, estamos carregando sobre os nossos ombros os problemas das outras pessoas, em vez de ajudar essas pessoas a solucioná-los.

Podemos perder a nossa auto-estima quando tentamos viver de acordo com as expectativas dos outros. Podemos escolher entre viver segundo os padrões estabelecidos por outrem ou criar e usar os nossos padrões.

Se perguntamos a uma pessoa o que ela pensa de nós, estamos dando a essa pessoa permissão para nos dar uma opinião. Então, não devemos ficar aborrecidos nem magoados se não gostarmos da resposta. Muitos de nós inadvertidamente estabelecemos padrões de comportamento em que nos depreciamos a nós mesmos.

Quando a nossa maneira de viver não prejudica a harmonia das outras pessoas, nós mesmos estamos em harmonia. Se permitimos que atitudes inaceitáveis invadam o espaço de outras pessoas, perturbando-as, magoando-as e destruindo-as, estamos fazendo o mesmo conosco. A energia do corpo humano provém de várias fontes: da energia da nossa alma, por meio do nosso espírito; do movimento físico; da nossa alimentação; do ar que respiramos e das nossas companhias. Toda energia recebida é utilizável, e precisa ser renovada. A energia não pode ser armazenada. A pessoa que está sempre descansando não consegue se locomover. A pessoa cujo movimento é ritmado perceberá que se torna incansável. O mesmo acontece com a bateria do carro. Se o carro é usado regularmente, a bateria se recarrega a si mesma. Se o carro não é usado, a bateria torna-se inútil e inerte. Encorajar a pessoa a mexer um dedo que seja, é melhor do que ficar imóvel. Isso se aplica tanto ao espírito como ao físico.

O espírito

Quando uma pessoa sente necessidade de estabelecer contato com sua espiritualidade e de a compreender, ela também precisa estar consciente da sua vida física e da sua contribuição para a vida do planeta como um todo. Para que o espírito evolua na Terra, ele precisa incorporar a existência física. Para aprimorar o nosso espírito, temos de cultivar em primeiro lugar o nosso envolvimento físico com a vida. Os dois caminham lado a lado. Ignorar a realidade e se isolar da desarmonia do mundo não constitui um processo de crescimento para o espírito nem para o físico. Um ser verdadeiramente integrado vive a vida física, utilizando-se dos valores espirituais em conexão com a sua alma. O aprimoramento da energia espiritual envolve o que fazemos em todos os níveis da vida.

Quando nosso espírito volta para a sua alma, no momento da nossa morte física, ele está voltando para que seu verdadeiro ser seja absorvido pelo todo. A vida física que acaba de chegar ao fim precisa ser purificada e concluída. A alma só pode absorver a sua energia espiritual e tudo com que esteve envolvida na Terra quando o entendimento e a harmonia forem alcançados.

O espírito, como parte de uma existência física, passou por inúmeras situações e se envolveu com elas. Se a vida física foi curta e chegou ao fim na infância, a assimilação é imediata. Nessas circunstâncias, algumas almas optam imediatamente por outra existência física.

A alma sente a vida física que seu espírito acaba de completar na sua totalidade. Ela estabelece contato com a essência da vida, examinando-a minuciosamente, registrando-a e finalmente absorvendo tudo o que foi aprendido e vivido. Toda a atividade durante a vida na Terra é compreendida. O espírito tem de enfrentar e purificar tudo com o que se envolveu durante a sua existência física. Conquanto o cérebro e a mente possam ter mantido o controle, e a utilização que fizeram do corpo tenha causado sofrimento aos outros, o espírito ainda assim registrou os acontecimentos e os deve esclarecer. O espírito não tem condições de colocar a culpa nas circunstâncias nem nas pessoas. A alma adquire o conhecimento da vida que acaba de deixar da maneira como foi vivida, e agora se encontra em posição de vê-la e senti-la como um todo, de diversos ângulos. O espírito estava envolvido com todas as ações, voluntariamente ou não, e será responsável pelo esclarecimento de todos os fatos inaceitáveis.

A alma

A alma não é juiz nem júri, mas uma supervisora, responsável pelas ações de todos os aspectos de si mesma. A elucidação e o entendimento da vida que acaba de ser concluída precisam ser alcançados. O espírito precisa da oportunidade de encontrar aqueles que foram afetados, para que possa tornar-se parte da alma.

Alma e espírito precisam harmonizar-se com tudo o que aconteceu, e obter a compreensão das pessoas que ainda estão na Terra ou que já se uniram à sua alma. Com a compreensão, o espírito pode perdoar a si próprio ou chegar a um acordo com os fatos da sua existência anterior. A alma, mediante o seu espírito, procura alcançar o entendimento necessário, a fim de que todos os envolvidos possam compreender e evoluir. Quando a harmonia é alcançada, o espírito é absorvido pela sua alma. A lembrança da vida que acaba de terminar agora faz parte da alma, do ser real.

As lembranças de todas as vidas passadas aumentam a dignidade e a sabedoria da alma. Cada alma possui personalidade e identidade próprias. A tranqüilidade da alma faz parte da energia de seu espírito o qual, vez por outra, tem dificuldade em brilhar durante uma existência física. A energia do espírito é uma parte e um reflexo da sua alma. A harmonia e a compreensão entre as duas essências, na volta do espírito, é fundamental, porquanto o espírito se envolveu com experiências físicas capazes de lhe modificar a vibração e, por conseguinte, a sua energia.

Quando o espírito volta para sua alma, na realidade ele está voltando para casa. Se é chegado o momento predeterminado de voltar, o físico não é mais necessário. Quando o espírito encontra a sua alma, ele não apenas recorda os fatos de uma vida por meio do cérebro e do corpo físicos, mas também da maneira como a alma os registrou. Conquanto o espírito seja responsável pelo esclarecimento de tudo o que aconteceu, ele também leva em consideração o ambiente, a educação, a formação e as influências exercidas por outras pessoas durante a sua permanência na Terra.

Vez por outra, quando o cérebro, por via da mente, não dá ouvidos ao espírito, ele não pode orientar nem transmitir energia. A energia do cérebro é intensa, e pode assumir praticamente o controle total de uma vida. Quando isso acontece, a pessoa se assemelha a um robô, reagindo sem pensar, agindo sem compaixão. Os espíritos que recordam a última vida têm lembranças boas, divertidas, tristes e belas, assim como aquelas que eles preferiam que não tivessem ocorrido. Eles vêem as dificuldades que envolvem o ser humano como parte de um padrão global.

Uma das maneiras de um espírito, quando se une com sua alma, estabelecer contato com uma pessoa que ainda se encontra na Terra é por meio dos sonhos. Aquele que está vivo tem um sonho em que encontra uma pessoa que odiava ou temia, que está fisicamente morta e, mediante esse processo, ele consegue se libertar da dor e da raiva. O espírito visitante apresenta seus argumentos, buscando a compreensão para os fatos ocorridos quando era um ser vivo na Terra. A alma e o espírito vêem claramente, sem a interferência do cérebro, e o espírito procura levar aquele que está sonhando e que foi prejudicado a também compreender. Alcançada essa compreensão, ambos podem se perdoar. Se este entendimento não for obtido, alma e espírito esperarão e tentarão mais uma vez, quando a pessoa viva estiver mais velha. Quando o entendimento não pode ser alcançado dessa maneira, dependendo dos agravos que acorreram, a alma aceitará seu espírito e tratará da questão quando a pessoa viva morrer, e quando o seu espírito estiver livre para promover ele mesmo o esclarecimento.

A alma se desloca através da energia evolutiva a fim de harmonizar sua vibração e o seu aprimoramento. Trata-se de um processo de mudança gradativo. Como almas, nós encontramos outras de vibração compatível. Evoluímos, mas precisamos manter contato com a essência global da vida. Quando vivemos na Terra, na qualidade de ser físico dotado de energia espiritual, encontramos espíritos dos mais diferentes níveis de evolução da alma. Por isso, encontramos pessoas tão diferentes; seus espíritos provêm de almas diferentes e seus corpos herdaram muita coisa de antepassados seculares.

Os três níveis

O planeta Terra é um lugar maravilhoso. Ele também possui alma e espírito; contém todas as energias, todas as idéias, todos os pensamentos de todas as fontes, desde o começo dos tempos. Nós sofremos influência dessas lembranças, aceitáveis e inaceitáveis. Se olharmos para o planeta como um grande jardim, poderemos ver que parte dele parece desordenada e árida, e que outras partes parecem luminosas e perfumadas. As pessoas são as plantas e podem ser sufocadas e destruídas ou embelezadas e enaltecidas, acentuando a beleza do jardim. Aprendemos a nos adaptar às diferenças da vida, a não julgar, mas a sentir a energia interior e o espírito do planeta e das pessoas.

Podemos ajudar uns aos outros, ajudar nossas almas e, tomando consciência da vida e promovendo melhorias, conhecemos todos os níveis da alma e nos conhecemos uns aos outros. Nosso comportamento na Terra é muito importante, pois afetamos todo o universo.

Durante nossa permanência na Terra, a essência de nosso espírito repousa no nosso centro solar quando ele está em harmonia. O espírito mantém uma relação direta com o centro de energia espiritual chamado Kundalini e com o centro dourado, de forma arredondada, chamado de conexão com a alma. Portanto, ele está sempre em contato com a alma. O centro da Kundalini está localizado na base do centro nervoso, que também é chamado de árvore da vida e que corre paralelamente à coluna, unindo todos os centros energéticos e físicos uns aos outros. O centro de união com a alma localiza-se no topo da cabeça.

Todas as energias, por meio da alma, do espírito e do corpo físico, estão interligadas e precisam umas das outras para que possam funcionar bem em todos os níveis. Muitas pessoas não percebem a beleza simples e maravilhosa desse processo natural. Não são necessários anos de trabalho para alcançar essa percepção. Ela não é privilégio de poucos. Não são necessárias cerimônias de iniciação nem companhias selecionadas. Esse é o estado genuíno e natural de todos nós! Precisamos voltar ao nosso ser natural. Cada nível da existência é maravilhoso na sua própria realidade. É necessário paciência, coragem e curiosidade para alcançar a consciência. O medo é o maior inimigo da humanidade, e precisa ser enfrentado e compreendido. Não tenha medo. Ninguém detém poder espiritual sobre outra pessoa: nossa alma é intocável. Ninguém pode afetar o nosso espírito ou o nosso físico por meio da projeção de energia, exceto se permitirmos que a energia de outra pessoa penetre o nosso espaço, aumentando o poder dessa energia ao acreditar que ela pode nos prejudicar. Certas pessoas podem irradiar uma energia de ódio e medo. Outras pessoas conseguem criar imagens a fim de manipular e assustar, mas essas energias são captadas por nossa aura e são repelidas naturalmente, quando somos fortes. Se tivermos a consciência da possibilidade de escolha, poderemos nos recusar a aceitar essas energias. O nosso medo traz mais problemas para nós do que qualquer outra pessoa.

Fomentando o medo e a ignorância, a minoria conseguiu manipular as pessoas. Muitas pessoas têm permitido que isso aconteça. Temos negado a nós mesmos o direito de sermos humanos na verdadeira acepção da palavra, de alcançar a nossa grandiosidade, de sentir a maravilha que é fazer parte de um amplo padrão universal de energias interligadas, das quais cada nível da existência é um elemento importante e vital.

Estamos no presente para vivermos o presente, para purificarmos a nós mesmos e o meio ambiente em que vivemos, utilizando as nossas lembranças de vidas passadas, quando necessário, como experiências adquiridas para nos ajudar, para estabelecer a comunicação com nosso próximo, com a Terra e com as nossas almas. A cada dia, criamos o nosso futuro; cada dia deve ser visto como uma oportunidade de passar por experiências em todos os níveis.

Podemos estabelecer contato com inúmeros níveis de energia e sabedoria por meio da conexão com a nossa própria alma. Nossa alma é a nossa ligação com todas as outras de energia superior. Nosso espírito nos une a nossa alma quando nos encontramos na Terra. A corrente tem de ser mantida para que essa comunicação possa ocorrer.

Se menosprezamos e ignoramos o nosso espírito, e, por conseguinte, a nossa alma, a corrente de comunicação é frágil, e nos sentimos abandonados e perdidos.

Quando precisamos de ajuda, nossa alma imediatamente sente essa necessidade e procura nos dar aquilo de que precisamos para nos tirar das dificuldades, reconhecendo ao mesmo tempo o direito de escolha do ser físico/espiritual. Essa ajuda pode vir através de um sonho, de um momento de inspiração; ou alguém pode dizer alguma coisa que dá margem a uma série de reflexões; ou, ainda, podemos abrir um livro e encontrar as palavras de que necessitamos para nos ajudar. A alma procura, por meio do espírito, nos fornecer uma pista capaz de nos ajudar a evoluir. Ela entra em sintonia com a sua energia espiritual e utiliza todos os nossos centros energéticos e o cérebro para a transmissão da mensagem.

Pode ocorrer uma disputa entre o cérebro-computador e a energia espiritual, para ver quem é sempre o mais forte. Informações que transmitidas a torto e a direito podem trazer confusão. Nesse caso, nós temos escolha, conscientemente ou não.

Inúmeras são as facetas da nossa personalidade, e nós combinamos todas elas quando precisam atuar em conjunto a fim de alcançar a totalidade. Se uma alma precisa passar por determinada experiência numa vida terrestre, a energia espiritual é liberada espantosamente, pois que a alma total contribui para tanto. Nossa alma cuida de nós o tempo todo, mas sem interferências nem manipulações.

Justificativas para determinadas atitudes do ser físico não são aceitas por nossa alma quando voltamos. O registro da nossa aura relata integralmente os fatos, e não pode haver desculpas nem subterfúgios. As pessoas que obedecem às ordens de outras e utilizam a ordem como uma justificativa para as suas próprias atitudes continuam sendo responsáveis por seus atos. Se tomamos uma atitude, somos os responsáveis.

Não existe bem nem mal, certo ou errado; o que existe é o comportamento aceitável e o inaceitável. Na nossa vida na Terra, cabe a cada pessoa escolher o que vai oferecer a seu ambiente, e em que nível. Somos responsáveis por aquilo que transmitimos. Não podemos atribuir essa responsabilidade a outra pessoa. Respondemos por tudo o que fazemos, seja aqui ou quando voltamos à alma. Se realmente nada podemos fazer para corrigir os nossos atos, podemos oferecer ajuda às pessoas, a fim de promover nossa evolução. Não há evolução no sentimento de culpa.

Torturar-nos mentalmente porque somos cruéis com alguém não elimina a crueldade. Não podemos perdoar uma pessoa enquanto não somos capazes de perdoar a nós mesmos, depois de fazermos tudo o que estiver ao nosso alcance para alcançar o equilíbrio e o entendimento. Receber o verdadeiro perdão é um prêmio. Uma pessoa pode dizer que perdoa e, mesmo assim, continuar amargurada. Enquanto essa pessoa não compreende os nossos atos e a si mesma, e enquanto não é realmente capaz de entender por que agimos de determinada maneira, ela não consegue esquecer. Quando a pessoa toma consciência e adota outra atitude, ela alcança a liberdade. Talvez não seja suficiente alguém afirmar que nos perdoa, quando fizemos alguma coisa inaceitável. Temos que ficar contentes conosco, e isso leva tempo, aqui e no que diz respeito a nossas almas.

Nosso espírito revê a nossa vida anterior no seu sentido mais amplo. Nosso espírito na Terra evolui com dificuldade num corpo físico herdado, e a herança e a experiência física são levadas em consideração. Nosso corpo físico é herdado de nossos pais, que, por sua vez, herdaram o seu corpo dos próprios pais, que herdaram o seu dos pais deles, e assim por diante. Herdamos inúmeras características terrestres dos nossos antepassados, mas o nosso espírito provém totalmente de nossa alma.

O espírito que atua no corpo físico herdado se empenha continuamente para esclarecer e compreender a vida, necessitando da comunicação por meio dos sentidos físicos para fazê-lo. Não é o sucesso material, nem a ausência deste, que promove a iluminação; o que importa é o nosso desenvolvimento nessa incumbência; reconhecer as conquistas e os reveses, mas reconhecer também as tentativas. Se procuramos ser responsáveis e tomar decisões, no limite da nossa capacidade, isso já é um começo. As pessoas podem ajudar-se mutuamente e, dessa maneira, adquirir uma consciência maior.

3
Uma nova vida na Terra

Uma vida física na Terra é necessária para o relacionamento mútuo com os espíritos de almas de diferentes níveis de evolução. A Terra é o único nível de existência no qual essa grande combinação de energias e de experiências pode ocorrer, permitindo-nos ensinar e aprender uns com os outros, o que não podemos fazer enquanto almas. Para passar por experiências durante a vida da Terra, a alma necessita de um corpo físico, que possa ser habitado pela sua energia espiritual, permitindo a todos nós, por via das trocas de vibração física, ver-nos e tocar-nos uns aos outros, e, assim, nos comunicarmos.

Quando um espírito se une à energia física produzida na concepção, ele tem uma memória da vida da sua alma e da sua origem; contudo, quando a criança nasce, ela perde grande parte desta memória. Desde a concepção, o espírito é capaz de se deslocar sem o seu corpo físico, unindo-se, energeticamente, à mãe e a seu próprio feto a fim de obter a energia necessária. Com 12/13 semanas, ele se une por completo a seu próprio corpo e faz uso da sua energia física; absorve a atmosfera e as particularidades do mundo no qual irá viver, acumulando informações a fim de se preparar para a vida física no seu novo ambiente. Depois do nascimento, enquanto o bebê dorme, o espírito ainda é capaz de deixar o corpo para adquirir conhecimentos e estabelecer contato com outros espíritos. Ele sabe que não poderá voltar para a sua alma enquanto não chegar o momento marcado de partir, por ocasião da sua morte física. Alguns bebês dormem por muitas horas, outros não dormem muito. O espírito atua segundo as necessidades do seu corpo físico. As lembranças remanescentes da alma são esquecidas durante as primeiras semanas de vida. Comumente, os bebês fixam o olhar na parte superior ou lateral da cabeça das pessoas que se aproximam nas primeiras semanas de vida. Isso acontece porque o espírito pode sentir a aura e avaliar os que se encontram próximos por meio da observação das suas cores e dos seus sons. À medida que o cérebro vai se tornando ativo, essa aptidão se funde ao instinto de sobrevivência, o qual se torna muito forte e ativo em todas as ocasiões.

O cérebro é um computador que começa a ser programado a partir do nascimento. Informações colhidas por meio dos olhos, dos ouvidos, do nariz, da boca e do tato são recebidas e processadas; o bebê busca a maior variedade possível de informações com os seus professores e os seus pais, construindo pouco a pouco um retrato da vida como ser físico. Teoricamente, a criança se envolverá com a família e com todas as suas atividades. Então, ela estará mais apta a enfrentar todas as situações ao longo do seu crescimento. Posteriormente, a criança se beneficia com o encontro com todo tipo de pessoa. Ela precisa conviver para se habituar com os mais variados tipos de pessoas na Terra, e para aprender, desde o nascimento, quais são as diferenças entre elas. Caso contrário, a criança se assustará quando precisar integrar-se com outras pessoas mais tarde, quando houver alguma mudança ou quando for para a escola. A criança precisa saber que nem todos a colocam em primeiro lugar, e precisa aprender a lidar com as diferentes reações das pessoas. Muitas crianças não se encontram na situação ideal, e sofrem nas mãos dos que deveriam cuidar delas.

As crianças são responsabilidade dos pais, dos que as protegem e de todos nós até atingirem idade suficiente para cuidar de si mesmas e ser responsáveis por seu comportamento. Os adultos são responsáveis por seus próprios atos, por seu comportamento e pelos cuidados com aqueles que, por alguma razão, não podem se defender sozinhos. Todos somos guardiães, e devemos levar esta proteção a sério. Tomar conta ém implica responsabilidade. Somos responsáveis por aqueles que apazes de se responsabilizar por seus próprios atos. Somos tam- sponsáveis pela ajuda e pelo tratamento que conferimos àqueles que, por qualquer motivo, não podem se responsabilizar por si próprios. Somos todos guardiães do planeta e de tudo o que nele existe.

Nascimento

O dia e a hora do nosso nascimento constituem uma experiência inteiramente individual. No seu aniversário, o espírito precisa reconhecer o início da sua nova vida física. Cada pessoa que nasce afeta toda a vida no planeta. O nascimento é um momento importante. No momento exato do nosso nascimento, todas as pessoas presentes são afetadas, principalmente a mãe, pois ela é o meio físico do nosso nascimento real.

O amparo, o ambiente, os cuidados e o amor, ou a falta dessas coisas, exercem profundo efeito sobre a mãe nesse momento, e, por conseguinte, sobre o recém-nascido também.

O ideal é que a experiência fosse maravilhosa para a mãe, e que a criança nascesse num ambiente de amor e de harmonia. Infelizmente, pode ocorrer o contrário.

Em alguns casos, a mãe não gostou da experiência de dar à luz, não "usufruiu-a", mas sentiu medo, se sentiu machucada e traumatizada. Alguns bebês assimilam essa atmosfera de medo, de dor e de rejeição do nascimento na forma de memória e, mais tarde, já adultos, sentem que não queriam nascer, recordando a angústia de suas mães como se fosse a deles. O estado da mãe é que fica gravado na mente da criança recém-nascida, e não a sua própria experiência anterior ao nascimento e durante o nascimento. O cérebro começa a fazer registros depois da primeira respiração e não antes. Uma criança em gestação reage, no útero, ao som e ao movimento, mas isso não significa que ela está registrando as sensações de maneira consciente ou pensando. A energia física sofre alterações na mãe, e afeta a criança.

A necessidade de exaltar o nosso nascimento e de considerar o aniversário como um dia especial também atesta a participação das outras pessoas no sentido de o realizar. Muitas pessoas sofrem grandes mudanças quando uma nova vida tem início, e nenhum pai é o mesmo depois do nascimento do seu filho, independentemente de voltarem ou não a se ver.

O aniversário é o momento para reconhecermos a nossa decisão de nascer, e para avaliarmos o nosso desenvolvimento e a contribuição para a nossa existência até o presente. Mostrar gratidão a nossos pais, quaisquer que sejam as circunstâncias, demonstra gratidão pela nossa própria energia física essencial, e serve como lembrete para avaliarmos a nossa herança física e modificarmos o que for necessário. Conceder a nós mesmos um dia por ano não é muito tempo para honrar a vida, as origens e para celebrar a sobrevivência e o fato de estarmos vivos. Apenas um dia para que possamos olhar para trás, para o ano que passou, e apreciá-lo.

Talvez nos sintamos tristes ou zangados com algumas pessoas, o que pode ser remediado por meio da comunicação. Talvez tenhamos mágoas de nossos pais e seja preciso tirar-lhes o rótulo de "pais", usando seus primeiros nomes nesse dia. Isso poderá ajudar a vê-los como as pessoas que foram e que são, com as mesmas deficiências e problemas de outras pessoas, às vezes, incapazes de suportar a sua vida. Considerando-os como seres humanos, podemos entender mais por que agiram daquela maneira, libertando-nos das mágoas do passado. Não podemos esquecer, mas podemos entender e nos libertar. Certas pessoas são tão egocêntricas e aparentemente incapazes de se integrarem com as demais que não conseguem se abrir, nem mesmo com os próprios filhos. Elas não reconhecem a vida positiva que as cerca, por conseguinte, não podem gostar de si mesmas, e são cruéis com os fracos. Nós não nos tornamos seres iluminados porque nos tornamos pais, conhecendo e fazendo prontamente a coisa certa. Quando temos lembranças amargas da nossa infância, é bom lembrar que a raiva e a amargura desgastam esses sentimentos. A compreensão e o esquecimento ajudam.

Os seres humanos podem depreciar a si mesmos e aquilo que alcançaram. Vêem apenas os erros, as coisas que não conseguiram, o que não realizaram ou o que não adquiriram. Julgam a si mesmos a partir das conquistas e da felicidade das outras pessoas, esquecendo a sua própria grandeza, independentemente de como ela tenha se manifestado.

Se nos sentimos sozinhos e excluídos da vida, podemos nos ajudar reconhecendo a nossa própria existência. Se aceitarmos as nossas diferenças, em vez de sentirmos medo uns dos outros, por causa de nossas diferenças de cor, de religião, de sexo e de tendências políticas, poderemos começar a compreender, o que nos permitirá eliminar os nossos medos sem perder a nossa individualidade.

O alívio do sofrimento, seja qual for a forma que ele assuma, vale todo nosso tempo e esforços. Não existe anormalidade no mundo, apenas a falta de compreensão quanto às coisas normais. Durante a nossa nova vida na Terra, precisamos nos comunicar e ter consciência dos sons da energia e das impressões das pessoas.

Astrologia

Quando nossa alma decide passar pela vida espiritual/física na Terra, ela leva em consideração as energias de outros planetas e estrelas, os quais exercem influência sobre o nosso planeta e, portanto, sobre todas as criaturas que aqui vivem. A importância dessa escolha varia segundo as razões da vinda à Terra. A concepção, a gravidez e a hora do nascimento sofrem o efeito dessas influências e a escolha do momento atesta esse fato.

A ação recíproca dos planetas influencia mais determinadas pessoas do que outras, e a hora e a data do nascimento têm grande importância para o espírito de algumas pessoas. As influências dessas energias são escolhidas como parte da vida global, e podem ser utilizadas como trunfos ou como elementos de transformação. Todos nós temos a capacidade de mudar e de usar a energia para possibilitar a automotivação.

A astrologia pode ser usada como guia ao escolhermos as nossas metas na vida. Necessitamos de metas que possam ser alcançadas. Se temos uma meta grandiosa, temos um ponto para o qual nos voltarmos, mas também precisamos de metas menores, que constituem degraus no caminho. Isto possibilita o crescimento com empenho. Se alcançamos nossa meta principal, ela abre uma nova fase, um novo começo; se não alcançarmos, teremos adquirido muitos conhecimentos e experiências com os nossos esforços, os quais poderão ser usados de muitas maneiras, e se tornarão um meio de alcançarmos o desenvolvimento em áreas inesperadas. Não existe desperdício.

Todas as coisas podem ser modificadas e reutilizadas. A astrologia nos ajuda a tomar consciência do nosso potencial e a estabelecer as nossas metas.

Os signos planetários e as estrelas são uma simbologia humana que indica e torna utilizáveis as diferentes influências, possibilitando a identificação mais fácil. Alguns planetas exercem influência sobre outros planetas. Pessoas são afetadas por seu próprio planeta. Nosso nascimento ocorre com a Terra sob determinadas influências planetárias, e nós somos afetados de diversas maneiras. Certas pessoas perceberão que o momento de sua concepção ou da gravidez (se foram registrados) ajustar-se-ia muito mais corretamente a elas para as interpretações astrológicas do que o momento de seu nascimento. O despertar da energia espiritual ocorre na concepção, na gravidez (na décima segunda e décima terceira semanas) e na primeira respiração, por ocasião do nascimento. Todos esses momentos são muito importantes.

As manchas solares exercem influência sobre a Terra, e, por conseguinte, sobre os seus habitantes. As agressões e a guerra aumentam na Terra quando as manchas solares concentram muita energia. Quando ocorre uma explosão solar, a Terra é afetada e nós também. Nós nos tornamos negligentes, desatentos e, portanto, mais propensos a acidentes. Um bom astrólogo poderia predizer tais acontecimentos e alertar-nos no sentido de reagirmos, com o conhecimento dos ciclos solares.

A Terra, no seu movimento em torno do Sol, sofre a influência dos setores de energia solar que se tornaram a base da astrologia.

4
Consciência

Existem inúmeros níveis de consciência e de percepção que também são energias; uma pessoa pode estar consciente, no sentido de ter a percepção do que é imediatamente óbvio para ela, mas não ter qualquer consciência da vida fora de sua esfera e nos seus muitos níveis.

Nosso cérebro, como já foi dito, é um computador programado pela visão, pela audição, pelo olfato, pelo paladar e pelo tato. Nosso espírito atua por meio do cérebro-computador. Quanto maior a amplitude da experiência e o conhecimento da vida, em todos os seus níveis, que o cérebro-computador tem sido capaz de assimilar, mais útil ele se torna para o espírito. Quanto mais o espírito precisa se esforçar, maior a qualidade do ser como um todo.

A qualidade e o crescimento do espírito não podem ser avaliados pelas atuais condições de vida do corpo físico. Algumas pessoas são mental e fisicamente reprimidas na juventude. Elas vivem segundo padrões antigos, registrados pelo cérebro desde o nascimento, e não são capazes de identificar o que está causando o atual desequilíbrio no seu comportamento. Um choque, um trauma, um novo relacionamento ou uma mudança das condições de vida podem ocasionar uma alteração da percepção, levando essas pessoas a decidir que desejam se expandir, viver mais plenamente e conhecer a si mesmas e o seu potencial. Elas começam a explorar o que se encontra ao alcance, sentindo e vendo a vida de maneira diferente, percebendo que podem dar a sua contribuição e ter voz ativa.

Não podemos obliterar os nossos sentidos; nosso cérebro registra tudo o que acontece, quer estejamos ou não de acordo. Podemos nos recusar a apreciar a vida e a assumir a responsabilidade por aquilo que acontece a nós e aos outros. Podemos optar por deixar que a vida aconteça à nossa volta, parecendo às vezes nos elevar e jogar-nos ao chão segundo sua própria vontade. Se reconhecermos que fazemos parte de uma experiência global, poderemos expandir, crescer e ter consciência da vida.

Podemos estabelecer contato com diversos níveis de consciência e sabedoria por meio da relação com a nossa própria alma. Nossa alma é nosso elo com todas as outras almas de energia superior. Nosso espírito nos une a nossa alma quando estamos na Terra. Se buscamos clareza em nós mesmos e nas outras pessoas, a corrente será mantida a fim de permitir que essa comunicação aconteça. Como já foi mencionado antes, se nós subestimamos e ignoramos o nosso espírito, a nossa corrente de comunicação se enfraquece; nós nos sentimos perdidos e abandonados, e esperamos que as pessoas nos digam o que fazer. Cada um de nós possui um espírito, e cada espírito reflete uma alma. Uma pessoa que, por alguma razão, tenha uma deficiência cerebral continua a possuir um espírito atuante, e nenhuma deficiência física diminui a energia espiritual. Certas pessoas não têm respeito por si mesmas, e são destrutivas com as outras, mas o seu espírito continuará tentando se comunicar e demonstrar interesse. O espírito está sempre em contato com a alma, não importa o que aconteça na sua existência física.

Todas as pessoas merecem ajuda. Ninguém deve ser abandonado. Se temos consciência de que não podemos ajudar determinada pessoa, não devemos nos sentir culpados, mas ajudá-la estimulando-a a encontrar alguém mais capaz de lhe prestar auxílio. Não podemos amar todas as pessoas, nem mesmo gostar de todas as pessoas. Continuamos responsáveis pela maneira como tratamos e cuidamos de todas as outras pessoas, por nossa reação a elas e pelo comportamento que os outros têm em relação a elas. Por mais que pareçamos deficientes e insuportáveis como humanos, nossas almas são maiores do que nós. Nosso espírito procura transpor as limitações e os temores de uma vida física, procura elevar a consciência de todos nós e criar uma percepção voltada para a qualidade da vida.

Consciência é saber que somos mais do que uma máquina corporal dotada de um cérebro-computador. Se temos capacidade de raciocinar, não há justificativa para o comportamento inumano. A consciência encoraja o pensamento; nos permite escolher entre a compaixão e a crueldade. A consciência nos mostra as nossas escolhas. É parte de nosso ser interior, de nosso espírito. Trabalhando com o nosso cérebro físico, ele nos proporciona o conhecimento de que *existe* uma escolha.

Todos nós somos ilimitados, seja qual for o nosso nível de desenvolvimento. Os seres humanos podem ser maravilhosos. É formidável perceber o que um espírito num corpo humano, unido à sua alma, pode alcançar, e, no entanto, nós nos recusamos a reconhecer ou aprofundar a ligação com a nossa própria alma.

Possuímos também um sistema de registro subconsciente, um depósito de informações coletadas mas não utilizadas no dia-a-dia, essenciais para que a imaginação possa se ampliar e atuar. É também no subconsciente que ocultamos o inaceitável e onde o real pode se tornar irreal.

Algumas pessoas acreditam que o subconsciente não passa de um depósito de coisas monstruosas, de medos e de lembranças que não apreciamos e reprimimos; entretanto, ele armazena uma variedade de experiências, algumas terríveis, outras belas.

O cérebro assemelha-se a um grande armário que contém na parte da frente aquilo de que necessitamos diariamente e, na parte de trás das prateleiras, as coisas de que raramente temos necessidade, ou que não conseguimos compreender quando mais jovens, por exemplo, momentos e lembranças emocionantes que não poderiam se encaixar em nossa vida cotidiana. Essas experiências permanecem na parte posterior da prateleira, fora de nosso alcance e, por fim, anos depois do acontecimento, podemos ter um pesadelo ou uma estranha sensação de insegurança ou de apreensão, quando algo em nossa vida atual deflagra lembranças do passado. Se investigarmos, perceberemos que tomamos consciência de que é exatamente isso que precisamos saber, ou que estamos prontos para entender e esclarecer a informação, a fim de reprogramá-la segundo a compreensão de um adulto. Os medos e equívocos da infância, compreendidos segundo a ótica adulta, podem ser enfrentados e assimilados.

Tudo o que nos aconteceu faz parte da nossa individualidade total hoje. Tudo é válido e extremamente útil. O subconsciente não é uma lata de lixo para aquilo que é inaceitável, mas parte do nosso ser como um todo.

É possível alcançar a iluminação, a consciência e o crescimento espiritual em muitos níveis durante uma vida física. Escolha, questione e vivencie cada acontecimento. Aceitando que somos parte integrante da estrutura global e do plano da vida, reconhecendo o papel do espírito e da alma em tudo que fazemos como seres físicos, nós tomamos consciência da vida. Não existem atalhos. Ninguém pode assegurar a consciência ou a evolução do espírito ou da alma a outrem, mas apenas compartilhar as próprias idéias, as teorias e o conhecimento da vida do modo como a percebe. Cerimônias, rituais e cânticos podem alterar a consciência dos participantes para melhor ou para pior, mas não podem por si sós promover a iluminação.

A iluminação é uma percepção dos três níveis da vida; é o conhecimento interior de que todas as nossas ações afetam toda a vida e os seus níveis, e a aceitação dos padrões de cada nível, sabedores de que nada temos a temer se estivermos conscientes, mas que tudo tem de ser reconhecido e elaborado. Alcançamos isto individual e coletivamente, trabalhando em conjunto com as pessoas, partilhando, apreciando e tomando consciência da essência de toda a vida. A vida é simples e maravilhosa quando se assume a responsabilidade por todos os atos.

A difícil compreensão de uma afirmação não a torna profunda automaticamente. Profundidade significa sagacidade do pensamento e não impossibilidade de compreensão. Envolver uma teoria ou idéia com palavras, cerimônias e rituais não a torna profunda nem verdadeira. A verdade assume inúmeras formas, mas é sempre clara e compreensível. Muitas pessoas não conseguem enfrentar e suportar a simplicidade da verdade, por isso recobrem-na com seus próprios medos até torná-la invisível e inacessível. Essas pessoas procuram, encontram e atraem outras para formar um grupo. O rótulo de professor, líder, profeta ou mestre é conferido e aceito, tomando como base não o conhecimento, a atenção e a sabedoria, mas sim o ego e a necessidade. Semelhante pessoa é alimentada pela energia e pela adulação, em troca de uma promessa de desenvolvimento que não cabe a ela proporcionar. Nenhuma pessoa tem poder sobre as demais, exceto se o poder lhe é dado pelas pessoas. Ninguém pode controlar as outras pessoas, exceto se estas permitirem. A iluminação e a consciência não necessitam de adoração e ostentação, mas de paz e harmonia interiores.

Tome consciência de que você pode mudar a sua vida, afaste a dúvida, reconheça sua individualidade e encontre sua própria sabedoria. Talvez nem sempre você irá apreciar a clareza e a consciência que ela trará, mas você estará na sua própria luz, e não na sombra de outrem. A verdade não é compreendida pelo intelecto; ela é sentida ou vivenciada.

Os sábios são serenos e iluminados porque descobriram a simplicidade da vida e não porque solucionaram a complexidade da vida. A vida é simples, o que não significa que seja fácil.

5
Responsabilidade e cuidados

A responsabilidade inclui cuidados. Se quando estivéssemos num local tranqüilo ou em meio à nossa vida atribulada fizéssemos uma pausa para pensar em nós mesmos e em nossas ações, estaríamos dando os primeiros passos para nos tornarmos pessoas responsáveis. Às vezes, podemos pensar que necessitamos de ajuda ou de aconselhamento, mas nós não conhecemos a nossa própria força recorrendo a outras pessoas e a seus sistemas de crença, dos quais passamos a depender para que nos digam o que fazer. Os cuidados em todos os níveis constituem o primeiro passo rumo à responsabilidade e à força, e o cuidado com aquilo que apreendemos e buscamos é prova disso. Nenhuma pessoa realmente responsável diria a outra o que fazer, mas ajudaria essa pessoa a encontrar o seu próprio caminho. Todos precisamos das outras pessoas, em diferentes momentos de nossa vida, mas, acima de tudo, devemos ser fiéis ao nosso próprio ser, em todos os níveis da existência. A decisão de fazer parte de uma sociedade ou de um grupo religioso, por exemplo, deve ser avaliada segundo sua capacidade de abrir mentes e ajudar seus membros a encontrar o próprio caminho.

Não existem escolhidos, não existem pessoas melhores do que outras e não existe um único sistema para todos. Cada pessoa faz parte do todo. Nossa responsabilidade está nos nossos cuidados e atitudes em relação às outras pessoas, ao planeta e também no nosso aperfeiçoamento. Somos responsáveis pelos grupos aos quais pertencemos, pela idéia do deus que adoramos, pelas cores que vestimos e pelos ruídos que fazemos. A responsabilidade é uma coisa totalmente pessoal. Não podemos assimilar as crenças de outras pessoas por elas assegurarem a salvação, seguindo-as por acreditarmos que são responsáveis por nós, na esperança de que estaremos entre os que são salvos ou perdoados. Não existe um grande titereiro no céu, mexendo os pauzinhos de uma pessoa e não de outra. Todos somos responsáveis pelos nossos atos e pela maneira como as outras pessoas são tratadas e cuidadas por todos nós.

Somos responsáveis pelo nosso comportamento, pelas conseqüências desse comportamento e pela forma como nos relacionamos com os outros. Se uma pessoa não pode se responsabilizar pelos seus atos porque é muito jovem, porque tem uma deficiência mental ou está doente — todos nós somos responsáveis pela nossa atitude em relação a ela e pelos cuidados que lhe ministramos. Se sabemos ou desconfiamos que uma criança está sendo desprezada ou maltratada, nossa atitude diante dessa situação é responsabilidade nossa. Nós somos os guardiães de todas as coisas e devemos fazer o possível para realizar essa proteção com responsabilidade.

Assumir a responsabilidade pelos nossos atos e reações na vida diária dá início a uma corrente de energia e cuidar de uma família constitui um elo na corrente energética de cuidados com os povos do mundo. Não devemos subestimar a nossa contribuição. Assumir a responsabilidade pelos nossos atos aumenta a qualidade da vida como um todo e gera grande quantidade de energia.

Ao longo da nossa existência, muitas pessoas têm assumido a responsabilidade pela proteção do planeta. A princípio, as pessoas que se preocupavam com a vida se manifestaram, formando grupos de proteção ao meio ambiente. Foram ridicularizadas, e muitos zombaram delas. Foi difícil prosseguir, mas os pioneiros suportaram o escárnio, o desprezo e os insultos. Pouco a pouco, foram atraindo pessoas que haviam percebido que elas também estavam preocupadas e que eram responsáveis pelo futuro do mundo e da humanidade. Muitos foram bastante corajosos, tentando deter a destruição, expondo-se ao perigo físico, o que ainda acontece até os dias de hoje.

Atualmente, muitas pessoas em todos os países do mundo se preocupam e assumem a responsabilidade pelos seus atos, todas atuando de acordo com sua capacidade de ajudar. Elas cuidam de suas famílias, de seus parceiros, amigos e do seu meio ambiente, e se sentem responsáveis por eles; se preocupam quando os outros países estão em guerra, com a destruição e com as pessoas tomadas como reféns; com os golfinhos, com as baleias e com todas as criaturas vivas. A energia que envolve o cuidado é uma energia responsável e muito especial, pois realmente necessita de todos os níveis de nosso ser, por meio dos nossos centros energéticos, para produzi-la. Ela inspira, exige esforços físicos, desenvolve e exige a coragem, utiliza a criatividade, possibilita o progresso e contribui para a harmonia geral. É um estado do ser totalmente abrangente. A energia voltada ao cuidado e à responsabilidade são energias poderosas, mas têm de ser criadas e alimentadas. Essas energias são extremamente poderosas quando se combinam e, semelhando uma maravilhosa essência dourada em torno da Terra, se tornam mais fortes à medida que reconhecemos cada vez mais que podemos mudar o tipo de contribuição que damos ao mundo, se todos colaborarmos com a energia que envolve a responsabilidade e o zelo, trabalhando para a liberdade, a dignidade e para um futuro para toda a vida.

Se por um instante pararmos de fazer o que estamos fazendo e percebermos a força dessas energias dentro de nós, sentiremos a pulsação maravilhosa que nos torna parte do modelo global da vida. Se pudermos estabelecer contato com o nosso ser espiritual interior, descobriremos que de fato nos sentimos responsáveis por aquilo que dizemos e fazemos; nós nos preocupamos com o planeta, com as pessoas, e já começamos a ouvir e a falar sobre os problemas que afetam todos nós e o nosso futuro. Acrescente a essa sensação interior o conhecimento de que tudo nos é dado como empréstimo e de que, quanto mais responsáveis nos tornarmos durante a nossa permanência aqui na Terra, maior será a energia que envolve o zelo e a responsabilidade com respeito aos nossos descendentes.

A essência dourada está à disposição de todos nós, para ser ampliada e usada quando necessário. Nós nos isolamos e vivemos num espaço irreal quando não nos interessamos e não assumimos a responsabilidade pessoal.

Nós fazemos parte dos padrões de vida deste planeta. Se reconhecermos a nossa contribuição, sobreviveremos em conformidade com esses padrões.

O planeta é o cerne de toda a existência, em todos os níveis. Sem a energia do planeta, a corrente que une o físico, o espírito e a alma enfraquece. Aceite e compreenda a imensa estrutura em que todas as coisas vivas estão interligadas, em vez de se isolar e de atribuir a si mesmo excessiva importância.

que maneira cumprimos as nossas responsabilidades e o quanto nos preocupamos com o nosso próprio comportamento. A solicitude é um estado do ser que acaba se tornando espontâneo; é ação em todos os níveis da consciência. O amor precisa caminhar lado a lado com a solicitude.

A compaixão é um ramo da solicitude. Se somos solícitos com as pessoas, pouco importa se gostamos delas ou não, pois somos solícitos em escala maior. Por isso a solicitude é tão especial. Podemos ser solícitos e sentir compaixão por uma pessoa, embora saibamos que ela é a causadora de seus próprios problemas. Até mesmo com as pessoas cujos atos não aceitamos ou toleramos podemos ser solícitos no sentido mais amplo.

Amor sem solicitude entre duas pessoas é um desequilíbrio emocional, e nem sempre é benéfico. Acontece espontaneamente, e talvez seja impossível detê-lo. Ele não se manifesta por vontade própria e pode cessar a qualquer momento. O amor pode ser restritivo, obsessivo e provocar ciúme. Pode exigir mudanças na outra pessoa e constante reafirmação.

A palavra "amor" é usada para explicar uma variedade de apegos e de emoções. A solicitude é a base da amizade. Amizade é interessar-se por outra pessoa e não ter medo de ser honesto na comunicação com ela.

Se gostamos de alguém, se damos liberdade a essa pessoa, procuramos compreendê-la quando está errada. Não precisamos de constante reafirmação. Não precisamos que ela mude de modo a se adaptar ao que consideramos certo, mas podemos lhe dizer o que sentimos.

A solicitude é mais profunda do que o amor. A verdadeira amizade é a troca mais elevada que pode haver entre dois seres. A solicitude numa amizade significa que naturalmente cuidamos do bem-estar da outra pessoa. Nós nos preocupamos com ela mesmo quando comete erros. O amor pode provocar constrangimentos diante do comportamento de um ente querido. A solicitude pode superar isso, e faz com que optemos por evitarmos fazer julgamentos.

O amor por si só pode se tornar superficial, uma emoção capaz de se transformar em ódio. A solicitude, não. A solicitude exige tempo, reflexão e dedicação. É o amor no sentido mais profundo, elevado e amplo. Pode dar conta de todos os obstáculos, e não precisa ser personalizado para se manifestar. Solicitude é ação. Não conseguimos ser solícitos e continuar passivos. Podemos ser solícitos de diversas maneiras, todas elas benéficas. Cada pessoa tem a capacidade de ser solícita, e seja em relação a uma pessoa, a um país ou ao mundo inteiro, o sentimento é válido, e contribui para o bem-estar de todos nós.

Amar alguém que se tornou especial para nós e por quem nos interessamos é uma liberdade de expressão maravilhosa. Podemos viver juntos com alegria, podemos nos indispor às vezes com o outro, mas a solicitude nos permite cuidar uns dos outros nos bons e maus momentos. Amor e solicitude partilhados significa ser possível discutir e discordar, mas ainda assim continuar a se preocupar com o parceiro — se ele fez a sua refeição, se trocou as roupas molhadas e se se sente "em casa".

Nós amamos e cuidamos dos nossos filhos. Comumente, os pais gritam com o filho que se afasta e se perde na multidão, no momento em que o encontram. É uma reação de alívio dos sentimentos reprimidos de medo pela segurança da criança, e também constitui um sinal de interesse. Podemos punir um filho quando necessário, sem deixar de abraçá-lo e fazê-lo sentir-se são e salvo depois, pois nos preocupamos com a sua personalidade sensível e com a sua necessidade de se sentir aceito por nós.

7
Atração e relacionamentos

Encontrar um parceiro com quem possamos crescer e nos harmonizar ao longo de anos de amizade e solicitude é algo maravilhoso e possível. Com o passar do tempo, as diferenças que começam a surgir entre as pessoas podem ser superadas, e as ligações fortalecidas e amadurecidas, passando dos impulsos passionais e das crises para a alegria de estar juntos, momento em que amadurece o espírito exaltado, que todos reconhecem e desejam; tudo isso é possível. Muitos o conseguem. Outros encontram alguém que de tal maneira parece a pessoa certa que se entregam totalmente, sonhando passar muitos anos juntos, em segurança e harmonia — mas, nesse momento, se desiludem e se sentem rejeitados, e tudo acaba mal.

Por que atraímos pessoas que acabam se mostrando um completo equívoco para nós, já que, inicialmente, parecíamos ligados em todos os níveis do ser e, por um curto espaço de tempo, a vida se afigurava perfeita? Podemos iniciar um relacionamento supostamente sério, mas acabamos por nos perguntar: "Para onde foi esse relacionamento sério?"; viver juntos se torna impossível; no entanto, a idéia da separação cria tamanho vazio que nos apegamos através do sofrimento, da desilusão e da perda de objetivo e dignidade. Algumas pessoas olham para dentro de si mesmas para encontrar as razões e também ajuda, tentando se agarrar ao que foi, buscando os motivos na mente e no coração e suportando o medo de ficar sozinhas, até finalmente partirem, ou serem deixadas, paralisando todos os centros energéticos durante anos.

Nossa aura é o sensor que está constantemente procurando perceber se as pessoas são confiáveis ou nocivas. Podemos nos sentir maravilhosamente bem ao lado de uma pessoa, e inquietas ou apreensivas ao lado de outra. Certas pessoas a princípio têm auras compatíveis, e podem conviver perfeitamente bem, mas se não reconhecerem que mudar e crescer como indivíduos é fundamental, precisarão fazer constantemente concessões para viver em harmonia.

A atração física pode ser a primeira ligação e, se depois for sustentada pela personalidade e pela compatibilidade interior, se torna parte do processo global e funciona muito bem, mas há pessoas que precisam ser vistas com uma pessoa atraente, que seja admirada e desejada pelos demais. Certas pessoas invejam outras cujo parceiro é atraente, se recusando a se relacionar com alguém que não seja atraente. A necessidade de estar com uma pessoa que as ofusque dessa maneira pode ser causada pelo fato de a pessoa não reconhecer o próprio valor.

A personalidade pode atrair. Uma pessoa aparentemente integrada, com muitos amigos, que sempre tem algo a dizer, que está sempre ocupada, pode atrair uma pessoa tranqüila e discreta, e ambas se sentem completas, partilhando energias diferentes. Isso pode durar anos. Se o equilíbrio mudar, possivelmente porque o parceiro reservado adquire confiança e se sobressai, a ligação pode se romper e acabar com o equilíbrio. A vivacidade de um parceiro pode se transformar em calma, e ele deixará de buscar as atividades e os amigos, o que poderá alterar o equilíbrio. Os opostos se tornam mais semelhantes. Essa mudança pode ser assimilada, e a relação pode ter continuidade, mas em outros casos um deles sentir-se-á mais uma vez atraído pelo seu oposto e procurará um novo parceiro.

Quando um relacionamento dura muitos anos, podemos deixar de ser amáveis com o outro; podemos esquecer que a comunicação verbal é fundamental e esperar que o outro "saiba" o que está errado sem que o digamos. Quanto mais tempo convivemos com uma pessoa, mais precisamos nos comunicar e partilhar experiências. Não podemos permanecer iguais a vida inteira. Quando nos conhecemos, estamos atentos e envolvidos com o nosso novo amor, conhecemos as suas necessidades; mas, com o passar do tempo, nossa ligação não-verbal pode enfraquecer, assim como o conhecimento, à medida que a vida e a existência cotidiana exigem a nossa atenção.

Podemos sentir dor física, náusea e desespero quando nos separamos do nosso eleito. Trata-se de uma reação física causada pela separação das energias da aura e pela eliminação física do toque.

Às vezes, podemos sentir uma atração tão forte que não conseguimos aceitar que a energia e o magnetismo que sentimos podem ser gerados exclusivamente por nós mesmos. Buscamos razões para essa ligação profunda, acreditando até mesmo que foi planejada anteriormente, ou que é uma repetição de vidas passadas.

A união espiritual

Podemos encontrar uma pessoa que já é conhecida do nosso espírito. Quando dormimos, nosso espírito busca outros e estabelece relações. Pode-se alcançar a harmonia entre os dois espíritos por um certo período de tempo. Quando os seres físicos finalmente se encontram, sentem instantaneamente que se conhecem, e ficam admirados com a semelhança de suas idéias e pensamentos, chegando a partilhar o mesmo amor por lugares, músicas e literatura, conquanto nunca tenham se encontrado fisicamente. Estabelecem um relacionamento baseado nas suas semelhanças, ignorando ou esperando modificar as incompatibilidades. Os bons momentos são maravilhosos, o "conhecimento mútuo" ignora as irritações. Quando diminui o arrebatamento, e o casal passa a reagir como seres físicos, não conseguem se relacionar. Tornam-se rabugentos, insatisfeitos e começam a reconhecer que têm gostos e necessidades diferentes e que exigem atenção. Mas a amizade continuará a existir no seu espírito, embora a ligação de sua existência física se torne cada vez mais desarmoniosa. Quando finalmente se separam, cansados e desorientados, tentam entender para onde foi a magia; nunca esquecem o parceiro, e várias vezes tentam até mesmo "conseguir uma reconciliação". Em alguns casos, após a separação, a relação e os progressos são reconhecidos e lembrados em toda a sua beleza. É melhor que os parceiros se separem e vivam como amigos, e não fiquem juntos se destruindo um ao outro.

Os que sentem que essa relação é forte demais para ser apenas uma atração física, acreditam que o seu destino é permanecer juntos, aconteça o que acontecer. Ouviram falar ou lhes disseram que todos temos almas gêmeas, uma pessoa para cada um de nós, previamente escolhida. Acreditam, não obstante tudo o que lhes acontece como seres humanos vivendo juntos, que nunca devem se separar. "Como isso poderia ser um erro?", indagam, "sentimos uma atração muito grande um pelo outro." Se encontrarem certa harmonia, poderão continuar juntos, mas se permanecerem juntos apenas porque acham que devem, quando o relacionamento declinar, não buscarão os motivos e o equilíbrio.

Nosso parceiro na Terra raramente é escolhido antes de nascermos, conquanto as almas, e por conseguinte nossos espíritos, possam se conhecer. O espírito que habita o nosso corpo físico pode se adiantar e encontrar essa ligação, mas estamos na Terra para aprender uns com os outros em todos os níveis de vida. Cada um de nós é um indivíduo com a sua própria combinação de níveis de energia, e todos aprendemos e ensinamos uns aos outros. Se nosso parceiro na Terra fosse escolhido para nós, isso excluiria a nossa possibilidade de escolha em nossa manifestação física atual, inibindo o crescimento e a expansão em todos os níveis da existência.

Nossas almas sem dúvida podem estar em harmonia, e nossos espíritos podem se conhecer, mas isso não significa que os nossos atributos físicos, que foram imitados, herdados e assimilados desde o nascimento, por meio do ambiente, da educação, da cultura e dos genes, possam se fundir e sobreviver ao contato íntimo.

Utilizar vidas passadas como razão para o inexplicável não é resposta, mas desculpa. Nós não nos encontramos nem repetimos relações passadas, vida após vida, sejam elas quais forem. Nós mudamos em todos os níveis do ser a cada dia, nesta vida e também de uma vida para outra.

Dois seres físicos que se conheceram numa existência anterior só podem estabelecer contato por meio das lembranças do passado de sua alma. Não nos reencontramos para solucionar sofrimentos ou deficiências passadas. Acreditar que relacionamentos pregressos na Terra, em corpos, épocas, locais, culturas e sistemas sociais diferentes, são tão importantes que o crescimento e a evolução estacionaram ao longo das eras, até que essa ligação pudesse ser retomada na Terra, torna sem sentido o esforço e a expansão.

Se duas pessoas que viveram um relacionamento totalmente malogrado — no século XV, por exemplo — fossem compelidas em sua vida atual na Terra a reviver as experiências passadas, isso significaria que todas as pessoas envolvidas com essa vida passada teriam de renascer ao mesmo tempo. Elas teriam de ser atraídas para os padrões de vida das duas pessoas do modo como são hoje, para que houvesse uma recriação das situações da formação e das circunstâncias que ocasionaram o sofrimento passado. Os atores seriam totalmente diferentes, tentando representar alguma coisa muito antiga e situada na esfera da experiência.

Todos nós estamos em constante mudança. Em nossa vida atual, não podemos voltar ao colégio que freqüentamos quando tínhamos cinco anos de idade para corrigir o mau comportamento naquela idade. Todas as pessoas e todos os motivos mudaram e se desenvolveram também. O mesmo princípio se aplica a vidas passadas. Assim como não podemos fazer o tempo parar nesta vida para permitir que pais, professores e colegas se reúnam como no passado, e nós possamos, com a experiência e o conhecimento da vida que temos hoje, desfazer nossos erros e crueldades infantis, da mesma maneira as relações de vidas passadas constituem experiências obtidas e úteis, as quais não se repetem, mas ficam registradas como experiências, para que possamos evoluir tendo um conhecimento de como nos tornamos. Acreditar que nossos erros no passado são tão importantes que a evolução da vida é interrompida para nosso próprio bem constitui um desequilíbrio do ego. Precisamos ter em mente que o nosso comportamento em nossas vidas passadas têm de ser vistos no contexto da época em que ocorreu, e não transpô-lo para os dias de hoje. Uma situação não pode ser repetida: a peça e os atores mudaram e todos evoluíram ao longo de muitas vidas e experiências.

Algumas pessoas sofrem terrivelmente em determinado relacionamento porque lhes foi dito que estão pagando pelo sofrimento que causaram a seu parceiro numa vida passada, muito tempo atrás. Duas pessoas constrangidas a uma união hoje, com base na lembrança de um sofrimento do passado, não possibilitam a evolução e a iluminação em nenhum nível.

Nossa existência física é parte da vida da nossa alma. Nossa alma é o nosso verdadeiro ser e todas as recordações de nossas vidas passadas são parte da nossa alma. Nossa vida física e importante, mas é apenas parte do nosso verdadeiro ser, e não todo ele.

Qualquer pessoa que tenha uma atitude inaceitável com outra, qualquer que seja a razão alegada por ela, é responsável aqui e agora por essa atitude. Não há desculpa nem justificativa capazes de tornar a crueldade e o sofrimento aceitáveis em qualquer nível da vida, ainda que a pessoa tenha infligido esse sofrimento a si mesma. Nós não vivemos isolados. Exercemos influência uns sobre os outros o tempo todo.

Todas as experiências na vida na Terra são assimiladas pela nossa alma a fim de compor o ser total, assim como nossas experiências nesta vida na Terra são assimiladas a fim de nos tornarmos a pessoa que somos hoje.

Os relacionamentos temporários

Todos nós necessitamos de um aumento das possibilidades nas nossas vidas, com o qual possamos nos relacionar e amar. Pode ser uma identidade, um desafio ou um apoio. Muitos escolhem outro ser humano, outros escolhem um animal ou atividade para atender a essa necessidade.

Todos os relacionamentos são temporários. Nós não somos donos de ninguém. O relacionamento temporário exige atenção, adaptação, ruptura ou renovação, mas nunca deve ser tomado como certo. Envolve outras pessoas e precisa ser tratado com cuidado, sabendo-se que tem um começo, um meio e um fim. Ambos os parceiros necessitam de atenção, de incentivo e de espaço para crescer à sua própria maneira; cada um deve atentar para seu próprio comportamento e se responsabilizar por todos os seus atos. Podemos nos sentir atraídos por muitas pessoas nos diferentes estágios da nossa vida, por motivos variados, em níveis diferentes. O autoconhecimento nos ensina quando prolongar essa relação temporária e quando modificá-la ou colocar-lhe um fim.

Nós, como seres físicos, somos totalmente diferentes e únicos, assim como as nossas almas são totalmente diferentes e únicas. Cada um de nós cria a sua cadeia vital, formada por vidas passadas e atuais, e essas cadeias formam elos na cadeia universal da vida. Independente, única e, ao mesmo tempo, uma parte das outras, a cadeia da vida é surpreendente na sua diversidade, sutileza e interação, pois em nenhum momento pode se repetir.

A vida é diferente. Podemos compartilhar características básicas, e parecermos semelhantes até que se estabeleça a comunicação, quando então descobrimos as diferenças. Quando vemos, ouvimos e sentimos com tranqüilidade é que percebemos a individualidade e podemos nos maravilhar com ela.

O ato sexual é uma necessidade que o corpo físico tem de utilizar a energia criativa. É tão necessário quanto respirar, espirrar, evacuar e produzir sons. Não precisamos gostar da outra pessoa, amá-la ou mesmo saber algo a seu respeito para fazer sexo com ela. O sexo, nesse contexto, é um prazer para a personalidade, um exercício de liberação da energia acumulada, que pode se tornar excessiva.

Quando amamos outra pessoa e nos interessamos por ela, queremos agradá-la e satisfazê-la. Queremos tocá-la, acariciá-la, beijá-la, observá-la e satisfazer as suas necessidades. Essas necessidades podem variar, mas caracterizam os relacionamentos verdadeiros. Quando fazemos sexo nesse contexto, ele faz parte do relacionamento amoroso; cada parceiro se dedica a satisfazer o outro e, desse modo, a harmonia é alcançada.

8

Empréstimo e tutela

Tudo na vida é temporário. Nós não somos donos de nada. Às vezes, mas nem sempre, ficamos muito tempo às voltas com um objeto, com determinada situação ou com uma pessoa. Nós somos responsáveis por todas as coisas que apreciamos e protegemos, qualquer que seja a forma desse empréstimo. Nós somos os guardiães de todas as formas de vida.

Casas, mobília, quadros, livros e todas as formas de criatividade nos são emprestadas. Se estes bens se tornam importantes por sua arte ou raridade, eles atraem guardiães. Os guardiães são pessoas que herdam, adquirem ou cuidam desses objetos. Eles não são os donos, mas sim arrendatários.

Nos relacionamentos, nós temos uma permanência temporária com o parceiro. Ninguém é dono de outra pessoa; trata-se de um empréstimo mútuo, por conseguinte, precisamos cuidar do parceiro e, se o empréstimo chegar ao fim, devemos ajudar o outro a permanecer no seu próprio espaço.

Nós não somos donos dos nossos filhos. Eles nos são emprestados. As crianças também fazem parte da comunidade. Se os pais são incapazes, por alguma razão, de cuidar dos filhos, outras pessoas devem fazê-lo. Os pais não devem se envergonhar porque são incapazes, devem se sentir seguros por admiti-lo. As pessoas não se tornam sábias nem nobres porque se tornam pais. Em certas ocasiões, todos precisamos de ajuda. Se compreendermos que os filhos são um empréstimo feito aos pais e que estão sob a tutela de todos nós, perceberemos que todos somos responsáveis pelo tratamento conferido a eles. Então, poderemos ajudar uns aos outros sem a apreensão que o envolvimento superficial traz.

Somos os guardiães de todas as pessoas que não podem cuidar de si mesmas, e ensinamos coisas uns aos outros. Cabe a nós a responsabilidade de mostrar às crianças uma maneira de agir. Assim, elas poderão experimentar sua própria maneira e aprender com a comparação. Levem as crianças aos parques e ao campo e lhes mostrem as árvores, as folhas; lhes mostrem as mesmas folhas na primavera, no verão, no outono e no inverno. Mostrem-lhes como a vida humana começa, se desenvolve, amadurece, envelhece e morre, seguindo o exemplo da natureza. Mostrem-lhes como os objetos vivos só aparentemente perecem, pois que, na verdade, estão se transformando em outra energia. Assim é a vida; nós estamos em constante transformação, de todas as maneiras, o tempo todo.

As crianças precisam se integrar quando pequenas, para que se sintam seguras. É nossa responsabilidade dispensar-lhes cuidados e lhes dar estímulos, para que possam perceber que são parte de um padrão de vida global, em contínua ampliação ao longo do seu crescimento, até chegarem à idade adulta.

Os animais, selvagens ou domesticados, são um empréstimo feito a todos nós, assim como as plantas da Terra. Nós somos os guardiães de todas as coisas que não podem proteger a si mesmas. Deixamos a Terra, no dia de nossa morte, porque chegou ao fim o empréstimo de nossa vida aqui. Então, passamos a ser espiritualmente responsáveis pela condição de todas as coisas que foram parte da nossa vida durante nossa permanência aqui. Um guardião interessado terá esperanças de concluir sua passagem pela Terra deixando boas lembranças no pensamento das pessoas.

9

À sombra dos outros

Vez por outra, todos nós vivemos à sombra dos outros, mas certas pessoas vivem constantemente assim. Elas dificilmente se sentem bem consigo mesmas. Apegam-se às pessoas e vivem segundo elas, falando freqüentemente das atividades dos amigos, vivendo à sombra das tristezas e alegrias dos outros, ignorando a sua própria existência. Quando sobrevém uma crise que as afeta pessoalmente, elas não possuem reservas interiores, não têm um centro ao qual recorrer e não conseguem agüentar. Podem desagregar-se e entrar em pânico. Muitos daqueles a quem elas vincularam suas vidas são incapazes de ajudá-los, ou não estão dispostos a fazer isso. Sentindo-se rejeitadas pelas pessoas a quem admiravam, procuram ajuda num círculo maior, passando de um terapeuta ou de um tratamento para outro, buscando constantemente uma solução para os seus problemas em outra pessoa, antes de olharem para si mesmas e para o que têm e são. Atribuem a culpa de sua infelicidade aos pais, à escola, ao trabalho, à sociedade e assim por diante, ignorando sua própria força, que não é usada, manipulada ou reconhecida. Isso é viver à sombra dos outros.

Algumas pessoas vivem assim porque têm um péssimo conceito de si mesmas. Elas acham que todo o mundo é melhor, mais feliz, mais inteligente. Estão sempre se depreciando, e acabam tendo muita dificuldade de conviver consigo mesmas. Não conseguem existir sozinhas, invejam as pessoas que parecem ter uma vida muito interessante, que têm muitos amigos à sua volta, que estão sempre em movimento. Elas se agarram às pessoas como mariposas esvoaçantes no limiar da luz que buscam tão desesperadamente. Quando são rejeitadas, "engolem" a dor, e procuram ainda mais sofrimento, chegando a pedir desculpas pela indelicadeza que receberam. Sua própria luz é ignorada. Têm medo de mergulhar em si mesmas, são incapazes de viver no seu espaço, se sentindo medíocres e sozinhas sem os outros. Essa necessidade das pessoas acaba fazendo-as sentir inveja e até mesmo ódio de alguém que parece confiante e feliz, embora continuem passando todo o seu tempo na companhia delas, criticando e remoendo-se mentalmente.

Nós só podemos ser úteis aos outros quando estamos em contato com a nossa força vital. Parecemos atenciosos porque estamos sempre presentes e disponíveis, mas o motivo é diferente. Precisamos gostar de nós mesmos e assumir a responsabilidade por nossa vida e pela influência que exercemos sobre as pessoas. Cada um de nós precisa dar uma boa olhada para dentro de si mesmo e aprender quem e o que somos, reconhecendo o que é nosso e lidando com isso. Então, poderemos agir para eliminar o que não for conveniente.

Para começar, olhe para o seu corpo, aceite-o ou observe-o por outro ângulo. Podemos nos sentir bem com nós mesmos, se tentarmos. Os protótipos que as pessoas valorizam como a maneira mais correta de ser são delas, e não nossos.

Precisamos ser corajosos e olhar para dentro, para o nosso espelho, se quisermos conhecer o nosso ser. Podemos começar fazendo uma avaliação das nossas atitudes nos diversos papéis que a vida oferece. Estamos representando o papel de outrem? É preciso coragem para aceitar o que somos. Encontramo-nos estabilizados no nosso centro, ou estamos "copiando" alguém? Estamos representando uma tragédia ou uma comédia porque as outras pessoas fazem isso? Estamos sendo honestos nas nossas ações e amizades?

Todos têm necessidade de estar no seu espaço, e às vezes precisam de ajuda para encontrar e manter esse aspecto fundamental. Uma pessoa pode acreditar que tudo deu errado na sua vida, tomando como base os acontecimentos das vidas de outras pessoas, por exemplo, sua avó quebrou a perna; seus pais estão se divorciando; seu vizinho perdeu o emprego etc. Preocupa-se e fica ansiosa, falando dessas crises como se fossem suas.

Ela está vivendo a vida dos outros. Quando lhe perguntam o que está acontecendo em sua vida, mostra-se desorientada e constrangida. Algumas pessoas nunca ficam no seu lar físico; estão sempre na casa de amigos, de vizinhos ou passando de um grupo para outro. Esse é o sinal concreto de que estão vivendo à sombra dos outros. Nossa casa representa nós mesmos. Seja qual for o nosso lar, precisamos torná-lo luminoso, seguro e acolhedor. Devemos sempre ficar satisfeitos ao voltar para o ser e para casa, após certa ausência. Tornando-nos seletivos, escolhendo nossas companhias com cuidado, nossa vida passa a ser interessante, estimulante, tranqüila, e é possível ter certo controle sobre a situação.

Cada um de nós é uma comunidade em si mesma. Nós saímos para o mundo e encontramos pessoas, observamos, damos e recebemos coisas, e finalmente trazemos para o nosso espaço fundamental tudo o que reunimos, a fim de avaliar e selecionar o seu valor e o nosso lugar no mundo exterior.

Viver constantemente à sombra dos outros enfraquece as nossas energias. Não estamos em contato com o nosso ser total. E acabamos perdendo a consciência de que somos um ser pensante, com opiniões próprias. Com o tempo, o cérebro deixa de funcionar bem, nosso ponto de vista passa a ser o de outras pessoas. Nós argumentamos ou oferecemos opiniões que ouvimos, sem pensarmos por nós mesmos.

Somos incapazes de dar uma opinião que seja nossa, esquecemos como se faz isso. Quando questionam uma opinião dada por nós, não temos resposta, não temos conhecimentos aos quais recorrer. Podemos então nos retrair e permanecer em casa, e a nossa necessidade de estar com as pessoas assume outro aspecto. As pessoas que nos conhecem começam a se sentir culpadas ou inquietas com a mudança, e nos convidam a visitá-las. Nós vamos e, quando lá chegamos, não vamos embora, encontrando desculpas para ficarmos mais algum tempo. Alguns amigos que querem ser gentis nos visitam porque explicamos que não estamos nos sentindo muito bem para fazer visitas ou para nos deslocar. Dizemos que estamos muito cansados para andar. Os amigos vêm nos buscar de carro e nos levam a vários lugares. Aparentemente, estamos vivendo com nós mesmos, porque parecemos corajosos e as pessoas estão nos procurando.

Se realmente analisarmos essa situação, veremos que uma pessoa está fazendo as compras, outra está dirigindo, outra ainda está lavando as roupas e assim por diante. Na verdade, estamos vivendo à sombra dos outros, imaginando constantemente quem vai nos ajudar, fazendo com que as pessoas nos visitem por várias razões, trazendo sua vida até nós.

Se pudermos admitir que temos vivido voltados para o mundo exterior, poderemos começar a nos conhecer e a travar contato com a nossa personalidade, com as nossas aptidões e com a nossa simpatia. Então, as pessoas irão desejar se relacionar conosco e nos acolherão, não como uma obrigação, mas porque gostam da nossa companhia. Oferecerão ajuda quando estivermos realmente doentes ou com problemas, porque se preocupam conosco.

Para experimentar a vida em toda a sua diversidade, precisamos mergulhar em nós mesmos e buscar o mundo exterior, e não viver segundo as outras pessoas e buscar ainda mais o mundo exterior, temendo voltar ao nosso tipo de vida característico porque não apreciamos os pensamentos, as lembranças ou o vazio que encontramos. Todos temos muita energia para utilizar e compartilhar com as pessoas. Não precisamos nos esconder nem deixar que os medos atrapalhem. Nós perdemos energia, ficamos infelizes e desanimados quando a nossa felicidade depende das outras pessoas.

Quando percebemos que estamos vivendo excessivamente com os olhos voltados para o mundo exterior, podemos nos ajudar a retornar ao nosso cantinho. Quando precisarmos de ajuda, em vez de imediatamente a pedir a outrem, recorreremos em primeiro lugar a nós mesmos. Depois de refletir profundamente sobre a questão, utilizando o direito de escolha, e analisar o problema a partir da nossa posição anterior e atual e das nossas necessidades; se ainda assim não conseguirmos solucionar o problema, aí, então, poderemos procurar ajuda.

Nesse caso, estaremos em boas condições para escolher o melhor, pois procuraremos ajuda a partir do nosso ser interior. Se imediatamente nos apressarmos a procurar alguém, estaremos vivendo à sombra dos outros, receberemos os mais variados conselhos e ficaremos confusos. Às vezes, um conselho pode causar mais perplexidade do que o problema original. Podemos ficar perdidos com a opinião de outrem.

Analisar questões externas a partir de um espaço distanciado e tranqüilo dentro de nós mesmos, ainda que por alguns minutos apenas, é um grande passo na direção certa. *Inspire o mais profundamente possível e, durante a expiração, sinta o cérebro sereno e silencioso, o corpo em paz. Mantenha essa sensação tanto quanto possível, respirando calmamente.*

A verdadeira liberdade só por ser sentida quando vivemos a partir do interior, em contato com o nosso espírito e com a nossa alma.

Quando decidimos que precisamos da ajuda de outras pessoas, é necessário procurar alguém apropriado e experiente, capaz de nos ajudar a nos libertar.

10

Pessoas que aconselham e ajudam

Terapeutas, pessoas que aconselham e ajudam, de todos os tipos estão à disposição para ajudar outras pessoas a desenvolverem o amor-próprio e a motivação. Existem muitos problemas, e muitas formas de se agir lucidamente. Certas pessoas procuram ajuda para retornarem à época em que eram crianças, a fim de encontrarem um ponto a partir do qual possam começar, outras buscam ajuda para saber como se desenvolver no presente e no futuro; outras ainda estão buscando confiança.

Inúmeras razões levam as pessoas a se sentirem perdidas e sozinhas, e existem muitas pessoas cuja função é ajudar as outras a se tornarem independentes e fortes o mais rapidamente possível e, se necessário, proporcionar-lhes um sistema de apoio enquanto elas procuram ajudar a si mesmas, entrando em contato com a sua força interior.

As pessoas ficam transtornadas quando têm dificuldade de conduzir sua vida. Tentam perceber qual foi o seu erro, para onde estão indo, buscando um objetivo para a vida, mas nem sempre conseguem entrar em contato consigo mesmas para obter auxílio. Precisam da ajuda de outras pessoas para que possam encontrar uma meta e pôr em prática os seus talentos e aptidões. Perderam o contato com seu ser e com a sua energia interiores.

A função de um conselheiro é ajudar as pessoas que atendem a se sentirem bem consigo mesmas. Se nós nos sentimos bem, começamos a fazer experiências, se fazemos experiências, não importa se as coisas vão dar certo ou não, estamos avançando a partir do nosso próprio espaço.

Cada pessoa possui um conjunto diferente de padrões a serem elaborados e que podem se confundir. Quando alguém recebe ajuda para desfazer a confusão, o padrão correto pode ser visto. Uma pessoa pode estar tão acostumada a ver infelicidade na vida que irá buscá-la mesmo se tiver uma vida satisfatória. Ela escolhe a infelicidade! — certas pessoas realmente procuram a negatividade e a desarmonia, seja na própria vida ou na dos outros. Pode tratar-se de um padrão copiado na infância ou criado como conseqüência de expectativas malogradas. Também pode servir para chamar atenção e causar compaixão.

As pessoas escolhem determinadas atitudes mas, via de regra, não percebem o que estão escolhendo. Um conselheiro procura as causas nessa vida. Nós não nascemos carregando desventuras de vidas passadas que devem ser superadas. Chegamos à Terra livres das existências anteriores. Certas pessoas se agarram a lembranças do começo desta vida, causadas por falta de atenção, pela crueldade, por um início não muito promissor, pela falta de estudos e assim por diante. Isso afeta a sua vida adulta, e a função de um conselheiro é ajudá-las a analisar as lembranças armazenadas, para que possam descobrir por que o passado ainda está afetando-as tão profundamente no presente e, feito o esclarecimento, ajudá-las a assimilar a experiência por meio do entendimento.

Os que agem como vítimas tornam-se vítimas. Certas pessoas são "vítimas profissionais" — estão sempre relatando mágoas e crueldades passadas; algumas utilizam a própria infância como justificativa quando seu comportamento afeta outras pessoas, embora já sejam adultas e responsáveis por si mesmas. Colocam a culpa em alguém, em função de quem passam a agir, isentando-se da responsabilidade. Um conselheiro irá ajudá-las a aceitar o passado e a encarar os seus reais padrões de comportamento no presente.

Nosso passado é o nosso presente. Nosso presente é o nosso futuro. Não podemos suprimir períodos da nossa vida nem eliminá-los. Não podemos apagar as lembranças, mas podemos examiná-las, vasculhando a memória e utilizando os nossos anos de experiência de vida para tentar entender por que as pessoas em questão agiram de determinada maneira; podemos assimilar a recordação à luz do entendimento adulto. Então, a cura pode acontecer.

Os médiuns têm poder de cura, e alguns deles utilizam sua capacidade sensitiva para descobrir as causas das aflições, das enfermidades e da infelicidade, entrando em sintonia com determinada aura e sentindo qual a origem dos problemas. Isso não os torna conselheiros nem terapeutas no sentido usual de uma formação, mas o trabalho que realizam comumente é chamado de aconselhamento mediúnico, porquanto a interpretação e a ajuda oferecidas numa interpretação mediúnica e numa sessão de cura sugerem que as pessoas enfrentem seus problemas e, se necessário, submetam-se a sessões regulares com um terapeuta por formação.

Infelizmente, nem todos os terapeutas procuram, e nem todos os médiuns conseguem, encontrar as causas. Quando a ajuda for necessária, será fundamental a escolha de uma pessoa apropriada e interessada. Compaixão e interesse são amor no sentido mais verdadeiro.

Às vezes, tudo de que necessitamos para nos ajudar é uma corda salva-vidas; uma pessoa confiável para ouvir as nossas angústias íntimas e os nossos segredos. Os que ouvem são conselheiros, quer seja um amigo íntimo ou um profissional, mas precisamos ter certeza de que podemos confiar neles, caso contrário, acrescentaremos mais uma preocupação à nossa lista de problemas.

11
Discípulos e mestres

Todos nós temos coisas a dar e a receber, ensinando e aprendendo uns com os outros, conscientemente ou não. Servimos de exemplo, imitamos o que vemos. Tudo o que damos, nós recebemos. Cada palavra e cada ato trazem em si o padrão energético da pessoa em questão.

Muitas são as verdades e as teorias; algumas teorias são escritas como se fossem verdades. Outras foram registradas e são consideradas verdadeiras porque resistiram aos anos, tendo o seu conteúdo reduzido e ampliado, adquirindo um significado completamente diferente.

Transmitir conhecimentos aos outros é um processo natural e sucessivo, entretanto, se esses conhecimentos são obtidos nos livros ou se são transmitidos por outras pessoas, devemos verificar a sua origem e utilizar os nossos sentidos para avaliar se vale a pena repeti-los e dizer o que julgarmos verdadeiro, e não aceitar passivamente as coisas, porque uma pessoa respeitada fez alguma afirmação. Indique a origem da informação, seja ela proveniente de sua própria sintonia interior ou da de outrem. O ouvinte poderá então ir à fonte, se ela ainda estiver disponível, ou questionar a interpretação dada.

Para termos opiniões, precisamos ter experiência de vida em muitos níveis e em muitas situações. Para evoluirmos, temos de nos envolver e nos tornar parte daquilo que observamos. Um curioso se envolve com determinada situação porque ele faz parte da energia do acontecimento que está observando. Distanciar-se e observar a vida proporciona as experiências a partir das quais é possível externar uma opinião ou oferecer ajuda. Nós nos envolvemos se inicialmente nos distanciamos.

Avaliamos os nossos conhecimentos por meio das perguntas que somos capazes de responder, e devemos estar preparados para ser questionados a respeito daquilo que dizemos ou escrevemos. Se por algum motivo não podemos responder, devemos ser sinceros e dizê-lo. Aquele que pergunta e a pessoa que responde poderão, dessa maneira, buscar a solução alhures, aprendendo com a pesquisa e com as pessoas, quando as respostas forem encontradas.

Se cada pessoa pudesse responder honestamente "Eu não sei" sem se sentir envergonhada, todos nós passaríamos a ouvir e a aprender. Todos nós exercemos influência sobre a energia combinada, e essa influência acontece não apenas sobre nós, mas sobre a vida como um todo.

As almas também são doadoras e receptoras, desde os níveis exteriores até aqueles que se encontram mais perto da Terra. Cada qual ensina através do exemplo, do interesse e da experiência. Na Terra, nosso espírito, que é uma extensão de nossa alma, dá continuidade a essa troca. Quando observamos nossas atividades cotidianas, vez por outra podemos perceber quando estamos aprendendo e quando estamos ensinando, mas esta atividade é natural e constante, e acontece a despeito de nós mesmos.

Ser humano é uma aventura muito interessante, excitante e por vezes difícil e perigosa. A única possibilidade de nossa alma, através da energia espiritual do corpo humano, estar entre outras energias da alma em todos os níveis de envolvimento, dá-se mediante a sua energia espiritual durante uma vida na Terra. Nós, na qualidade de almas, coexistimos fundamentalmente com outras almas de vibração semelhante, embora certas almas visitem ou passem algum tempo apresentando uma vibração diferente da sua, a fim de promover ensinamentos e trocar conhecimentos. Na Terra, as energias espirituais de todos os níveis evolutivos da alma podem coexistir, porquanto, o espírito é acolhido e energizado pelo corpo físico, que tem a mesma vibração para todos.

Por esse motivo, às vezes, nos sentimos estranhos e em desarmonia, no nível espiritual, desesperando-nos com as pessoas e com as suas atitudes, ou com nós mesmos. Nossas almas provêm de regiões diferentes. Com algumas pessoas, sentimos grande harmonia, porque a aura destas irradia uma energia espiritual compatível com a nossa.

Para aprender e ensinar, nossa alma escolhe a experiência na Terra, por meio da sua energia espiritual, e, dessa maneira, consegue combinar desarmonia e harmonia, dar e receber, como uma experiência contínua e muito intensa. Por meio do espírito no corpo físico, a alma é capaz de se deparar com diversas situações e se integrar a elas, demonstrando ter mais ou menos força à medida que participa de diversas experiências. Assim, ampliamos mutuamente os nossos conhecimentos na condição de seres humanos, de espíritos e de almas. A energia espiritual do planeta é influenciada por todos nós. A consciência comum a toda a humanidade é depreciada ou valorizada pela partilha e pela experiência, para as quais todos contribuímos e as quais acabam por fazer parte da atmosfera. A vida não pára. Nós viemos à Terra como parte desse processo, e não como o processo em si.

12
Liberdade

A liberdade tem inúmeros significados, e cada pessoa tem o seu conceito de liberdade. Alguns países se orgulham porque seu povo tem liberdade de expressão, mas essa liberdade pode ser limitada pelo preconceito. Podemos ser livres para ir aonde quisermos, no entanto, somos restringidos por arames farpados, por placas e por muros.

Ter dinheiro para gastar proporciona a libertação da pobreza, mas é preciso ganhar ou dar o dinheiro. Podemos pensar que somos livres e que temos tudo de que necessitamos, pagando alegremente o preço da liberdade escolhida por nós.

Para alguns, não possuir riqueza material e contar com a generosidade das pessoas para ter o necessário pode se afigurar como liberdade. A possibilidade de as pessoas sentirem fome ou estarem desabrigadas não altera a sensação de liberdade.

A idéia de liberdade de uma pessoa pode parecer um pesadelo para outra. Sentir-se prisioneiro de determinado estilo de vida, quando as circunstâncias são contrárias às necessidades das pessoas, é realmente um pesadelo. Acordar todas as manhãs para enfrentar mais um dia num ambiente estranho, com pessoas conflituosas, causa o desespero e a depressão. A liberdade parece muito distante.

Não existe liberdade verdadeira quando há restrições, compromissos a ser cumpridos e preços a pagar; entretanto, muitos preferem aceitar como liberdade o que o seu estilo de vida lhes proporciona.

A liberdade está na mente das pessoas. Ela é a capacidade de pensar o que se quiser. Conquanto nossos pensamentos se baseiem naquilo que ouvimos e lemos, naquilo que nos disseram, naquilo que vimos ou vivenciamos por meio das outras pessoas, podemos pensar quando bem entendemos. Quanto mais conhecimentos e experiências adquirimos escutando, conversando e convivendo com as pessoas, mais livremente podemos pensar.

A liberdade não é um estado físico, mas uma sensação. Se nos sentimos livres, somos livres. Trata-se de um estado de espírito, de uma escolha. A liberdade está na mente das pessoas.

13

O fim de uma vida física

A maneira como terminamos a nossa vida sempre suscita indagações: por que algumas pessoas morrem em agonia; indagações sobre se a alma ou o espírito sofrem os efeitos da forma como morremos, e sobre o que acontece com os que se suicidam.

Nossa alma escolhe, antes de nossa vida ter início, quando quer que sua energia espiritual volte para si mesma. Nós não podemos morrer nem antes nem depois desse momento. A escolha do momento da morte física inclui o tipo de corpo, a herança física, os possíveis padrões de vida e o plano de fundo composto pelos pais.

Não podemos encurtar nossa permanência na Terra porque a vida está difícil e insuportável, assim como não podemos em hipótese alguma estender a nossa estada aqui porque estamos nos divertindo! Todos nós precisamos de atenção, de amor e de dignidade durante a vida e no momento da nossa morte. Todos devem ser alvo de atenção e ter tratamento adequado para que possam viver até o último instante em paz e harmonia.

Nossa alma não define antecipadamente como vamos morrer. A maneira como vamos morrer se baseia na forma como vivemos. Somos o produto da nossa sociedade doente. Se atentarmos para a nossa maneira de viver, para o nosso comportamento, nossa morte haverá de acontecer naturalmente, e, por conseguinte, será menos dolorosa. A maneira mais natural de uma pessoa morrer é "desligar" no momento escolhido, como se fosse dormir. É emocionante ver alguém morrer dessa maneira, alguém que não despertou do sono ou que se sentou na sua poltrona favorita, suspirou e partiu.

Precisamos morrer para obter um corpo novo, no momento em que a nossa alma decide integrar a sua energia espiritual numa vida na Terra.

Se mantivéssemos o mesmo corpo e nele vivêssemos eternamente, não poderia haver o aperfeiçoamento do estado físico. Combatendo a doença e a invalidez nesta vida, o corpo físico herdado na nossa próxima existência será aperfeiçoado. O ciclo da vida na Terra inclui a evolução da alma por meio da evolução espiritual e física. Se pudermos harmonizar o nosso corpo físico durante a nossa permanência na Terra, nosso espírito terá à sua disposição material da melhor qualidade. Quando nosso corpo está bem, é harmonioso e bem cuidado, nosso cérebro, o computador, pode utilizar um mínimo de energia na sua manutenção. Assim, o espírito pode fazer uso da energia liberada e disponível. É necessário um período de tempo igual para desenvolver nosso eu físico e espiritual. Determinado nível de existência não terá uma evolução maior se ignorar o outro. Ambos precisam estar nas melhores condições possíveis.

Independentemente da forma como morremos, retornamos à nossa alma para obter integração e entendimento. Certas lembranças desaparecem muito rapidamente, incluindo a dor e o tipo de morte.

A maneira como morremos é importante aos que continuam vivos na Terra. Os suicidas causam forte impressão em muitas pessoas, diferentemente do impacto da morte causada pela doença, por um acidente ou pela velhice. A maneira de uma pessoa morrer afeta os que estavam próximos a ela e também as pessoas que não tenham uma relação direta com a pessoa falecida, mas que gostavam dela. Os efeitos de um suicídio são bastante amplos. As pessoas ficam profundamente chocadas, e muitas fazem uma auto-avaliação e refletem sobre a sua responsabilidade com relação àquela pessoa. Algumas sentem alívio, outras culpa, outras ainda ficam tristes e lamentam não estar ao lado da pessoa para ajudá-la. Todos os envolvidos fazem uma profunda auto-avaliação quando uma pessoa se suicida.

Seja qual for a maneira como morreremos, nossa família, nossos amigos, o planeta, nossa sociedade e todos os seus componentes serão afetados. O espírito de quem morre está livre. Talvez se preocupe com o efeito que sua morte causará sobre as pessoas, mas o espírito se mantém íntegro e está bem.

A vida é preciosa. Dê uma olhada à sua volta e tente perceber pessoas que estão com problemas graves, para que você possa oferecer a elas ajuda antes que se desesperem.

Algumas pessoas ficam abaladas quando permanecem longo tempo ao lado de um enfermo e, tão logo saem do quarto ou se afastam por um instante, sobrevém a morte. Quando percebem o que aconteceu, essas pessoas podem ficar transtornadas, podem se sentir enganadas ou culpadas, pois abandonaram o seu posto no último instante. O espírito, que espera o momento de deixar o corpo físico, parte quando a pessoa está ausente, pois a energia de quem está velando se afasta. Certos espíritos preferem partir quando seu corpo físico está sozinho.

Uma energia física muito forte ao lado de um moribundo pode reforçar a vibração eletromagnética do corpo físico, tornando a partida ainda mais difícil para o espírito. O espírito naturalmente acabará partindo, mas, às vezes, é mais fácil quando não estamos presentes o tempo todo.

Fique ao lado do moribundo, segure-lhe a mão, mas não fique rondando e observando com excessiva atenção. Seja um observador, um ajudante. Será mais fácil para todos.

Ninguém morre sozinho. Todos os espíritos se encontram na hora da morte, e o espírito perceberá estas energias e irá em direção a elas. A morte é uma experiência para os vivos; o espírito se torna livre e pronto para retornar à sua alma. Não morremos sozinhos porque a nossa alma conhece o momento da nossa partida, e, assim como conhece os nossos amigos vivos, conhece os que nos precederam. Pelo menos um espírito que reconheceremos como um companheiro desta vida e que já faleceu virá ter conosco, se não os espíritos dos amigos vivos que estiverem dormindo. Nossa alma também envia auxiliares ao nosso encontro, e passa a cuidar novamente do nosso espírito.

Pessoas muito idosas e doentes, cujo momento de partir se aproxima, freqüentemente sentem essas energias e afirmam estar vendo os seus amigos, parentes ou companheiros queridos no quarto. Alguns desses visitantes podem ter morrido muitos anos antes, mas o espírito consegue identificar essas energias quando chega ao final da sua vida física. Certas energias espirituais se aproximam antes do dia efetivo da morte, para que a pessoa possa se acostumar com elas e, quando chegar o momento de partir, não haja medo, mas apenas uma continuidade.

O espírito parte quando seu tempo na Terra se esgota. Então, o corpo perece. O corpo só pode morrer quando o espírito partir. Uma máquina pode manter o corpo em funcionamento, mas quando é chegado o momento de o espírito partir, ele não pode mais ficar. Quando isso acontece, o corpo funciona como uma extensão da máquina, e não como uma pessoa viva. Se a máquina for desligada e o espírito continuar com o corpo, este continuará vivendo sem a máquina, até chegar a hora de morrer. As máquinas que conservam a pessoa viva permitem que o corpo físico continue a funcionar, até que possa se manter sozinho. Se um espírito ainda tem algum tempo na Terra, depois que a máquina é desligada, o seu corpo físico fica em melhores condições, por ter sido mantido em funcionamento pela máquina e pelo empenho dos médicos, mas nada pode prolongar a vida — tais artifícios só podem ajudar a tornar a vida mais suportável.

Parte II

Energia

14
A energia sonora da alma

Cada um de nós apresenta uma energia sonora diferente e, durante a nossa vida na Terra, estamos em constante sintonia com essa energia. A energia sonora provém da nossa alma, se acha representada no nosso espírito e se une à energia sonora do corpo físico que herdamos; contudo, o som da nossa alma é nossa verdadeira energia, e suplanta os sons físicos. É o som da alma que nos mantém em movimento, buscando e sentindo alguma coisa maior do que nós mesmos. Na nossa permanência na Terra, nosso instinto de sobrevivência utiliza os nossos padrões sonoros combinados para garantir a nossa segurança.

Necessitamos do movimento para criar o ritmo nos três níveis da existência e, desse modo, manter a nossa combinação sonora livre. Nós andamos quando estamos nervosos, pensamos melhor quando estamos em movimento, recebemos inspiração e nos comovemos com novas imagens e sons. Perdemos energia e ficamos apreensivos quando nos apegamos aos bens materiais e às pessoas; não podemos captar a nossa sonoridade. Quanto mais apegados nos tornamos, maior o medo da perda e a incapacidade de enfrentar os desafios da vida. Acabamos nos transformando no som produzido pelas nossas posses, perdendo o contato com a nossa alma e, por conseguinte, com nós mesmos.

Precisamos sentir os padrões sonoros que temos nos nossos hábitos cotidianos, quando comemos, dormimos, trabalhamos e nos divertimos. Quando nosso ritmo é encontrado, nossa energia física e espiritual pode fluir, livre de padrões extravagantes. A pessoa que não tem ritmo nos seus hábitos de vida se torna uma pessoa sem energia, confusa e doente.

A sociedade afirma que, se não nos fixarmos num só lugar, não poderemos acumular bens, estabelecer relações e nos sentir seguros. Nosso instinto de sobrevivência nos diz que, se acumularmos bens e permanecermos no mesmo lugar, perderemos nosso ritmo e nos tornaremos alvos fáceis.

Quando saímos de férias para nos libertarmos das pressões do trabalho e dos padrões artificiais e claustrofóbicos do nosso lar, mantemos uma freqüência sonora de ligação com a nossa casa e com os nossos bens durante todo o tempo em que estamos ausentes, porquanto tememos perder a nossa segurança.

Estamos em constante luta interior, na tentativa de harmonizar os diferentes níveis de som.

Se reconhecermos que queremos permanecer em determinado lugar ou emprego, ou que decidimos mudar de um lugar para outro, poderemos abrandar o conflito interior e criar a harmonia nas nossas linhas sonoras.

Quando uma criança chora, ela se tranqüiliza quando uma pessoa conhecida a pega no colo e começa a embalá-la. A criança chora porque o seu espírito tem de proteger o seu corpo físico e não pode fugir ao perigo; assim, quando ela não consegue ver nem sentir perto de si um ser humano, o seu espírito faz com que ela chore, a fim de conseguir ajuda. A realidade da vida ao redor é registrada, em geral de maneira distorcida, e pode ser sentida como perigosa, passível de ataques. A vida não é vista na perspectiva correta pelo cérebro não-programado da criança. Se os gritos de uma criança forem ignorados, ela acabará dormindo simplesmente devido ao seu cansaço, ou ficará em silêncio e vigilante, sintonizada com a sua energia sonora. A sobrevivência do corpo físico é prioritária para o espírito.

Pessoas idosas, fisicamente incapazes de fazer movimentos rápidos, se sentem vulneráveis e fazem barulho até que uma pessoa de confiança se aproxime. Os que estão senis gritam e batem com os objetos, quando ficam apreensivos diante de pessoas desconhecidas, a fim de afugentar o perigo. Se avistarem o rosto da pessoa que cuida deles, ficarão tranqüilos. Caso contrário, se seus gritos não forem atendidos, agirão como as crianças, e mergulharão no silêncio ou no sono.

Quando jovens, nossa herança sonora física e espiritual se une na necessidade de ter determinados padrões sonoros semelhantes aos dos outros, para nos sentirmos seguros. Um desses é a necessidade que a criança tem de fazer parte de uma família, a fim de saber que a sua sobrevivência estará assegurada caso os pais venham a se afastar por algum motivo. Também sentem necessidade dos parentes, mas esta pode mudar em determinados momentos, pois a presença de outra criança na família interfere na necessidade de estarem cercadas pelo seu "próprio" grupo de adultos com uma energia sonora semelhante, que esteja próxima em ocasiões de perigo. Um irmão ou irmã pode interferir nessa reação imediata. Uma criança afastada de sua família poderá defender e se recusar a culpar o agressor, para continuar com a energia sonora conhecida, ainda que isso signifique continuar sofrendo crueldades ou estar em perigo. A energia sonora que os une é preferível à energia sonora desconhecida de pessoas estranhas, que pode afigurar-se mais assustadora do que a crueldade ou a ameaça das pessoas conhecidas que apresentam como que seqüências sonoras de si mesmas. A freqüência sonora entre as famílias pode ser desarmoniosa, mas possui uma nota definida e semelhante. Outros adultos que venham fazer parte do grupo produzem uma nova energia sonora sem o ritmo familiar à criança, e, por conseguinte, afigura-se perigosa.

Quando as circunstâncias provocam separações e mudanças nas relações familiares, a lembrança do som físico original permanece ao longo da vida e, em determinadas ocasiões, por mais agradável que a nova família possa ser, o adulto irá buscar e desejar a linha sonora que está faltando na sua vida. Ele sente necessidade de conhecer o local onde nasceu, de procurar os pais, de saber quando perdeu o contato com estes ou quando foi adotado. Quando acontece o encontro, a freqüência sonora será intensa e familiar, e ele trará o som "perdido" para a sua vida. Esse movimento nos permite voltar ao ponto de partida e tocar as nossas raízes, para que possamos prosseguir, conscientes da sonoridade da nossa própria vida e espírito, o que nos permite conhecer a nós mesmos.

Algumas crianças são muito agressivas com seus pais ou com sua família adotiva, a fim de colocar à prova a intensidade da energia sonora e o apreço dos pais em circunstâncias adversas. Trata-se do instinto de sobrevivência despertado pela necessidade física e espiritual de avaliar até que ponto estarão seguras com a nova energia sonora.

Muitas crianças que são colocadas muito cedo em colégio interno a princípio ficam assustadíssimas, pois o elo sonoro com seus pais foi desfeito. Precisam de muito tempo para tentar encontrar freqüências sonoras seguras em pessoas da escola, às quais possam ligar-se. Apegam-se a professores e a crianças mais velhas, numa tentativa desesperada de se sentirem seguras. O instinto de sobrevivência está de todo desperto. Algumas crianças nunca chegam a encontrar uma energia sonora segura, e sofrem os efeitos dessa situação até a idade adulta, perdendo a confiança e tornando-se inseguras. Quanto mais distante a criança está dos seus pais, mais ela procura uma energia sonora segura. Quando ficam mais velhas, as crianças parecem se distanciar de seus pais. É bom para as que estudam em internatos ver seus pais com freqüência, para que possam restabelecer o vínculo e sentir que a energia sonora herdada por elas está intacta.

Às vezes, podemos nos sentir distantes de nossos verdadeiros pais, e ficamos imaginando se fomos adotados, pois sentimos muita desarmonia em nós. Isso acontece porque a energia espiritual precisa se ajustar, com o crescimento do corpo, à energia sonora física com a qual vive. Os membros de uma família apresentam uma energia sonora física semelhante, mas não idêntica. Alguns se harmonizam muito bem, mas, em determinados casos, o esforço necessário para manter a harmonia com os pais, com os parentes e nos relacionamentos no decorrer da vida provoca grande tensão.

Nossa energia sonora

Quando jovens, nossa ligação com as pessoas que compartilham uma energia sonora familiar hereditária é bastante forte, e precisamos compreender nossas raízes familiares e geográficas e entrar em contato com elas. Temos também certa necessidade espiritual, quando alcançamos a maturidade, de deixar a família a fim de encontrar e consolidar a nossa energia sonora; precisamos ouvir a nós mesmos, a nossa harmonia. Posteriormente, poderemos constituir uma família a partir de nós mesmos e da nossa energia sonora, a qual inclui a herança física e também o som individual da nossa alma. Inicia-se um novo ciclo, que está associado a todos os registros do passado. Um novo som é acrescentado ao som contínuo da nossa vida.

Precisamos ter consciência das nossas origens físicas para nos libertarmos espiritualmente. Nascemos com diversos tipos de energia física e espiritual, os quais o tempo todo buscam a realização, influenciando tudo o que nos cerca. Nossos tipos de energia permanecem conosco ao longo da nossa vida, e necessitam de padrões e de movimentos ritmados para que possam sentir o que é melhor para nós, enquanto seres totais, na nossa evolução ao longo da vida. Estamos mudando o tempo todo, acumulando conhecimentos e informações; não podemos retroceder nem estacionar, pois não podemos continuar a ser a mesma pessoa, ainda que desejemos isso. Cada palavra que ouvimos, cada livro que lemos, cada pessoa que conhecemos, influenciam a nossa energia sonora e, de maneira sutil ou óbvia, produzem mudanças em nós. Nossas vidas passadas e presentes não podem ser repetidas. Não podemos voltar e efetuar qualquer mudança no som contínuo de nossos três níveis de vida. Nós assimilamos e utilizamos o que acontece, conscientemente ou não.

Não somos capazes de eliminar os padrões sonoros de nossos atos passados, mas os mantemos em nossas auras como parte de nossa canção de vida, via de regra ignorados por nosso eu físico, conquanto bastante conhecidos de nosso espírito e de nossa alma.

Em todo o planeta e em todas as épocas, criamos e compartilhamos energias sonoras. Elas são parte do ar que nos envolve, vibrando e modificando todos nós, assim como nós influenciamos uns aos outros por meio de nossos atos. Não podemos recordar e alterar sons emitidos por nós. Podemos enviar a energia sonora, como uma tentativa de harmonizar os sons produzidos por nós, mas não podemos ocultá-los.

Realizamos uma dança ininterrupta ao longo da nossa vida. Quando estamos zangados, dançamos furiosamente; quando estamos felizes, dançamos alegremente. Ao longo dos séculos, a dança tem sido parte fundamental do progresso, ampliando a possibilidade que temos de recordar nossa história e nossa cultura. Danças para a mudança das estações, para os nascimentos, a maturidade, o casamento e a morte; danças de celebração, de consolo e de harmonia. Algumas danças se tornaram tradicionais, outras são espontâneas, algumas são individuais e outras coletivas.

Os jovens necessitam de movimento. Eles criam danças incorporando os sons da juventude. Vão em grupos de um lugar para outro, criando uma dança, tentando assustar as outras pessoas. Essa é sua maneira de encontrar uma freqüência sonora própria, à medida que se aproximam da idade adulta. Tornam-se caçadores, pois seu instinto de sobrevivência coloca à prova suas forças e fraquezas. Quando um jovem tem a possibilidade de viver viajando sozinho, conhecendo pessoas e separando-se delas, convivendo com a sua energia sonora e com o seu instinto de sobrevivência, ele utiliza sua energia para se manter vivo. Torna-se parte da sua canção, não mais podendo contar com a família para protegê-lo, e toma consciência do que para ele significa sobrevivência.

Existem momentos em nossas vidas, quando encontramos pessoas de mentalidade ou com idéias semelhantes, nos quais partilhamos uma energia sonora semelhante. Podemos não gostar de todos os nossos companheiros, mas nos sentimos mais fortes quando nos unimos e transmitimos àqueles que consideramos estranhos uma energia sonora semelhante.

Em certas ocasiões, quando sentimos a energia sonora relacionada com o perigo, todos nós formamos grupos. Todos temos tendência a temer os solitários ou os que parecem diferentes. Não gostamos da energia sonora dessas pessoas. Quando sentimos essa diferença, nós nos reunimos a fim de aumentar o nosso som e a nossa energia. Qualquer pessoa que não esteja em harmonia com o nosso som é considerada um inimigo em potencial, e é expulsa, nem sempre de maneira óbvia, mas, via de regra, mediante desaprovação silenciosa. Em casa, nos locais de trabalho e nas repartições, as pessoas sofrem provocações e atos de hostilidade, e freqüentemente passam a duvidar de si mesmas. Os atos de hostilidade visam a excluir e a afastar as pessoas, e são tão violentos quanto agressões físicas. As diferentes energias sonoras das pessoas, que se relacionam com as tendências políticas, religiosas, com a raça ou com as idéias dessas pessoas assustam os que preferem rechaçar todas as diferenças à sua volta. Vivem com medo e dentro de padrões imutáveis. A compreensão de nossos diferentes padrões sonoros elimina o medo e torna os atos destrutivos desnecessários.

Quaisquer que sejam as freqüências sonoras escolhidas por nós, a partir do conjunto de energias herdado no nascimento, registramos informações para a nossa energia sonora, e esse som constitui a nossa história e se combina com os sons históricos da humanidade, da família, da atual personalidade e dos descendentes. A vida é som, e o som exerce efeitos sobre todos nós. Se pudéssemos lembrar de nosso próprio som desde nossa chegada nesta vida, reconquistaríamos a multiplicidade de nossa existência até o momento. Buscamos nossas raízes físicas para descobrirmos onde o nosso som teve início, e depois prosseguirmos, acrescentando variações ao som para que esse possa existir. Se um ser humano deixa de honrar a si mesmo, não ouve mais o próprio som e acaba se perdendo. As outras pessoas não conseguem se relacionar com ele, que finalmente sente ter desaparecido.

Cada som registra uma fase da vida e projeta freqüências sonoras. Vez por outra, seguimos uma nova freqüência projetada por nosso som, e a freqüência que completamos se adapta ao ritmo da nova. Não podemos deixar freqüências sonoras incompletas, pois elas se entrelaçam umas às outras. Todos combinamos sons ao longo de uma vida e, finalmente, quando nosso espírito retorna à sua alma, todas as freqüências sonoras são percebidas. Quando a combinação de sons é desarmoniosa, entramos em contato com aqueles que afetamos a fim de esclarecer, de equilibrar e de harmonizar todo o padrão sonoro da vida que acabamos de concluir. Então, ele se torna parte do som da alma.

A freqüência sonora de nossa alma que trazemos conosco foi criada e tem sido ampliada desde os primórdios da criação da humanidade. Nós estabelecemos contato com ela, na Terra, por meio de nosso espírito, que tem a mesma energia sonora de nossa alma e se combina com os nossos sons, herdados fisicamente, durante a nossa permanência na Terra. Durante a nossa vida aqui, estamos sempre buscando nosso próprio som, e precisamos ter ou criar raízes, para que possamos nos afastar dele sentindo que podemos voltar em segurança. Nós nos sentimos perdidos e abandonados quando perdemos o contato com a nossa alma. Quando nossa energia espiritual retorna à sua alma, na morte física, ela ouve o som puro de sua própria alma, ao se aproximar da origem da sua vida. Então, ela se sente perfeitamente segura e em paz.

A vida recentemente concluída pode ser comparada a um manto colorido de sons, que é completado no dia da nossa morte. Ele possui todas as cores e sons da nossa vida — a história da nossa vida entretecida para que nossa alma possa vê-la e ouvi-la.

15
A energia, os seres humanos e a Terra

O prana é a energia que permeia o ar que nos envolve. Se respiramos profunda, tranqüila e conscientemente, absorvemos o prana, que nos torna saudáveis, lúcidos, fortes e inspirados. Toda energia, seja qual for sua origem, torna-se parte da energia de tudo o mais, seja na Terra ou no espaço circundante. Não podemos nos isolar, seja como indivíduos ou como um planeta. Somos parte do padrão universal. O prana permeia e, por conseguinte, une toda a vida, interligando todas as formas de vida. Se pisamos numa formiga, estamos pisando numa parte de nós mesmos, pois todos compartilhamos a mesma energia prânica. Ela é uma parte da vida. Sua qualidade na Terra e em torno dela depende de nossa atuação individual e coletiva.

Nosso planeta Terra é um reflexo de todos nós. Não podemos nos queixar do procedimento da Terra sem observarmos nossa própria atitude. Os seres humanos não destruidores e criadores. A natureza é um computador que funciona segundo determinado padrão, programando-se a cada momento, incorporando os padrões de comportamento de todos nós. Ela não pode parar e pensar. Não pode ser gentil com determinados grupos porque se dedicam à conservação ou porque são gentis. Se houver um terremoto, todos serão afetados e não apenas os negligentes. A Terra não tem a capacidade de fazer acordos com as pessoas. No momento, nós fazemos parte do planeta, mas o planeta pode existir sem nós; nós não podemos existir sem ele.

O universo não necessita dos seres humanos. Nós nos tornamos parte do universo e fomos absorvidos por ele, mas não somos fundamentais. O universo é energia, e existe vida sob várias formas em todos os planetas, todas muito diversas. A espécie humana é uma dessas formas de vida. O fato de uma forma de vida poder atravessar o espaço e visitar a Terra não significa que ela seja benevolente, nobre ou iluminada, assim como uma pessoa da Terra que visita outro planeta tampouco é escolhida por sua compaixão e harmonia. Precisamos estar atentos para vermos as coisas como elas são, e não como achamos que deveriam ser, e não devemos acreditar em coisas apenas porque ouvimos falar delas.

Espaço não significa vazio. A energia provém da vibração, e todas as coisas vibram. O universo está repleto de energia, que assume formas e aspectos diferentes, e nossa energia planetária afeta o equilíbrio de outros planetas, assim como estes exercem influência sobre todos nós.

Quando os planetas, em sua trajetória em torno do Sol, alinham-se formando determinado padrão, as vibrações e, por conseguinte, a energia produzida, afetam todos os planetas envolvidos, incluindo a Terra e tudo o que existe nela. Quando conhecermos mais o nosso planeta natal, seremos capazes de prepará-lo e de preparar a nós mesmos para essas modificações energéticas. A Terra faz parte dos padrões do universo, e é um dos seus muitos planetas, todos igualmente importantes no modelo universal. Nós somos criaturas de um planeta que está tentando alcançar um nível de sutileza, e precisamos nos integrar com o planeta Terra e conhecer seus padrões, para que possamos alcançar o entendimento e a integração.

Ainda não somos seres totalmente desenvolvidos, e temos de lutar para utilizar todo o nosso potencial. Desse modo, poderemos ampliar as maravilhas de nosso planeta, revelando as maravilhas que existem em nós. A essência de um planeta é alterada pelas formas de vida que o habitam. A mente árida do homem pode provocar a aridez no planeta. A mente criativa do homem possibilita o crescimento e a harmonia.

A energia dourada da esperança

A Terra vem passando por uma mudança energética, deflagrada por uma mudança na consciência coletiva da espécie humana, que reconheceu a possibilidade da transformação. Os efeitos dessa consciência e da liberdade de escolha alcançaram muitos países e povos, inspirando-os a buscar a união e a exigir dignidade para a vida e o espírito.

Essa energia dourada da esperança aflorou na mente e no espírito das pessoas interessadas muitos anos atrás. Foi necessário muito tempo para que ela se concentrasse e se intensificasse. Não se trata de um longo tempo para a Terra como um todo, mas, para os seres humanos que sofrem e que sentem medo, isso é muito tempo.

Quando determinada energia influencia muitas pessoas e promove a sua elevação, no sentido de que busquem a liberdade, não raro o resultado dessa liberdade é a indignação, o ódio e o desejo de "acertar as contas". A eliminação do peso insuportável da opressão e do medo também libera a energia represada, produzida antes da perda da liberdade. Esta passará por uma purificação e por uma transformação quando todos nos esforçarmos para compreender e nos tornar guardiães dedicados uns dos outros.

A energia dourada envolve o mundo e influencia todos nós. Temos uma opção em nossa vida: olhar para nós mesmos e para os nossos medos, esperanças perdidas e aspirações reprimidas, e tratá-los com honestidade.

Idéias e teorias, antigas ou modernas, que se prestavam às necessidades do homem não são mais necessariamente relevantes. Não devemos confundir antigüidade com sabedoria, nem "novidade" com progresso. Todas as informações e crenças herdadas por nós precisam ser analisadas, considerando-se o local onde tiveram início, qual a sua influência no presente e qual a sua capacidade de transformação.

O planeta Terra tem três níveis de vida: o físico, o espiritual e o da alma, exatamente como nós. Nós renovamos o nosso corpo todas as vezes que retornamos para uma nova vida física. O planeta também se renova fisicamente, por meio de mudanças no clima, no movimento da massa terrestre e no nível das águas. Ele também tem sido bombardeado, maltratado e poluído pela humanidade, e nós, como parte da Terra, sentimos agora os resultados dessas agressões e também estamos contaminados.

A Terra é um reflexo dos seres humanos que a habitam. Quando ocorre um acúmulo de ódio e de ressentimento, provocando a guerra, a crueldade e a privação, a Terra absorve essa energia e a utiliza juntamente com energias semelhantes de sua produção. Por exemplo, um grande tiroteio, armamentos, bombardeios e incêndios criam uma energia que ativa os vulcões. Quando as pessoas se dizimam, se mutilam e se afastam de sua essência, a Terra se desintegra, sobrevêm terremotos e o solo cinde-se ao meio. Enquanto as pessoas tiverem pensamentos estéreis, forem negligentes e cruéis e não fortalecerem umas às outras, a terra secará, virará pó e não haverá alimentos para o nosso sustento. Nós exercemos influência sobre a Terra, e esta sobre nós. Quando mudarmos nossa maneira de ser, a Terra também poderá mudar.

Quando o nosso espírito chega à Terra para ter a experiência da vida física, uma das razões de sua presença aqui é o trabalho, por meio do corpo físico, de purificação, harmonização e promoção da saúde das pessoas e do planeta; a obediência aos padrões naturais, a correção dos erros passados e a reparação à medida que evoluímos. A combinação de nossos esforços é a mente do planeta. O planeta é tão sábio e harmonioso quanto os seres que o habitam. A Terra não é feminina nem masculina, mas sim matéria viva, e combina a energia masculina e a feminina, absorvendo as energias de todos nós e se portando da mesma maneira.

É imprescindível que todos os danos causados ao planeta e à vida que o habita sejam reparados e harmonizados tão logo aconteçam, os erros remediados e que todas as transformações e criações se combinem com os movimentos e configurações naturais. São essenciais os períodos de repouso, de avaliação e de purificação da vida e do planeta.

Um ser humano equilibrado estará em harmonia individual e integral com um planeta equilibrado, e ambos sobreviverão como parte do modelo universal. Quando a espécie humana está em desarmonia, o planeta também está. Nesse caso, ocorre a destruição mútua.

As tendências da natureza que se assemelham ao computador levam-na a tentar incessantemente superar ou afastar qualquer deficiência ou incapacidade na Terra, seja ela qual for, assim como o cérebro humano, também semelhante ao computador, se esforça por eliminar, adaptar e assimilar, a fim de manter o corpo humano em funcionamento.

A espécie humana poderia se integrar por meio do amor, em vez de se apresentar na energia terrestre, como flagelo, doença ou enfermidade, que precisam ser eliminados. Essa situação nos torna alquebrados, endurecidos, frios, carentes e insensíveis à existência.

16
Troca de energias

Toda a vida produz vibrações e gera os seus padrões energéticos. Estes padrões se encontram à nossa volta o tempo todo e, em certas ocasiões, podemos senti-los, especialmente os de outras pessoas. Nossa aura naturalmente rejeita toda energia considerada estranha ou em desarmonia consigo mesma. Entretanto, vez por outra a energia alienígena consegue se infiltrar através da aura até alcançar a camada eletromagnética, onde se instala, provocando angústia e flutuações de humor. Isso só pode acontecer quando estamos em desarmonia, como conseqüência do medo, das enfermidades, dos ambientes insuportáveis, das nossas companhias e do que vemos e ouvimos. A limpeza da aura visa à purificação e ao tratamento da causa.

Todos os presentes que ganhamos podem ser aceitos, recusados, devolvidos ou passados adiante; o mesmo acontece com a energia. O intercâmbio consciente de energias deve ser avaliado tão logo for sentido, e antes que seja aceito como inevitável. A energia indesejável pode ser neutralizada ou desviada.

A energia se torna neutra tão logo deixa uma pessoa, salvo se houver alguém muito próximo ou se for aceita por outrem. Os agentes da cura preferem a privacidade com seus pacientes, e evitam gesticular durante a cura porque, assim fazendo, o ambiente ou as pessoas nas proximidades poderão ser afetadas pela energia que está sendo retirada, a qual poderá permanecer no recinto ou alcançar a aura de outra pessoa antes de sua neutralização. Os curadores sempre descarregam a energia na Terra, direcionando as mãos para baixo quando transferem a energia de cura.

O cérebro humano é perfeitamente capaz de transmitir padrões para outra pessoa, conscientemente ou não. Essa aptidão humana de dar e receber é comum a todos nós, e todos já passamos por alguma situação em que "sabemos" quem vai telefonar ou vai bater à porta. Isso não é uma característica dos médiuns, mas uma aptidão natural para enviar a energia e recebê-la, a qual é mais intensa em algumas pessoas do que em outras.

Todos compartilhamos as ondas do ambiente, estamos todos interligados pela ampla consciência comum que nos cerca. Nossa capacidade de transmitir energia e de raptá-la de uma pessoa em meio a outras parece impossível; entretanto, nós podemos e de fato transmitimos e recebemos energias algumas vezes. Talvez estejamos cantando uma música e, se ligarmos o rádio, iremos ouvi-la. Certas pessoas ouvem vozes em sua mente e, se ligassem o rádio ou a televisão, veriam que se trata de trechos de uma novela ou um discurso.

Uma pessoa pode atrair a comunicação energética, inspirando outras que estão ouvindo. Procure sempre verificar o que ouviu, após se separar de uma pessoa, pois a energia utilizada pode ter sido maior do que o conteúdo. O conteúdo e a escolha são importantes e precisam ser avaliados quando estamos longe do orador. Se estivermos participando de uma assembléia, temos o direito de questionar e obter respostas. Podemos admirar um bom orador por sua habilidade, mas, ainda assim, não aceitar o conteúdo da palestra. Ouvindo e questionando as crenças das pessoas, poderemos descobrir o que sabemos e em que podemos acreditar. Podemos aprender com as pessoas. O intercâmbio de energia através da palavra é fundamental, e a energia pode ser transformada e utilizada de diversas maneiras, sem reprimi-la nem sobrecarregá-la.

Todos nós temos nossos padrões e níveis de energia, e os trocamos uns com os outros. Precisamos das outras pessoas e elas precisam de nós; somos responsáveis pela maneira como lidamos com essa necessidade, como nos permitimos dar e receber coisas; a escolha é nossa. Há aqueles que estão sempre tirando algo das pessoas, sempre querendo mais, até não restar mais nada com que possam se alimentar. Outros estão sempre dando, a fim de agradar as pessoas. Nenhum dos dois grupos está em harmonia e em equilíbrio. Para receber, precisamos dar; para dar, precisamos receber. Cada um de nós harmoniza a energia dos demais. Quando temos algo a dizer, precisamos de energia. Quando estamos entusiasmados, há um aumento da energia. Quando estamos furiosos, produzimos energia, mas permitimos que ela nos domine e se torne fisicamente destrutiva. A raiva não permite uma comunicação clara. Todos temos necessidade de falar e ouvir e lembrar que os outros também têm a mesma necessidade.

A energia da raiva

A energia da raiva precisa ser liberada, mas com cuidado. Conversar com um amigo ou com um terapeuta sobre as causas e lidar com elas é liberar essa energia. Estímulos podem ser percebidos e evitados, para que futuramente a energia acumulada não venha a se manifestar.

A energia produzida pela raiva é extremamente destrutiva. Certas pessoas a reprimem e, quando finalmente essa energia aflora, a explosão é totalmente desproporcional ao estímulo que parecia ser a causa. Outras reprimem a raiva e o ressentimento e raramente os liberam. Isso produz doença e desequilíbrio, pois a raiva consome a harmonia e a saúde dessas pessoas. Outras liberam a raiva em pequenas "explosões", semelhando uma panela de pressão soltando vapor, o que permite que se sintam melhor, mais isso pode ser irritante e desconcertante para os que com elas convivem. A liberação descontrolada da raiva choca e assusta as pessoas, pois a energia penetra-lhes a aura, sejam elas a causa ou não dessa raiva. E o emissor também é prejudicado, embora afirme se sentir melhor liberando a raiva dessa maneira.

A energia descontrolada e destrutiva afeta os que a produzem. A energia subjacente à raiva é imensa, assim como a do ódio. Ela arde, queima, é reprimida e corrói, desgasta o ser humano e a harmonia do espírito, provocando grande tensão. Toda energia que utilizamos também é por nós criada. Se irradiamos energia amorosa, estamos produzindo o amor que será transmitido; por conseguinte, nos tornamos o próprio amor. Se irradiamos ódio, produzimos a energia do ódio, por conseguinte, destruímos a nós mesmos. A energia da raiva e do ódio tem de ser alimentada e estimulada, e acaba por consumir quem a produz.

Esmurrar, chutar ou rasgar uma almofada, ou quebrar um objeto a fim de liberar a raiva é procedimento dos mais equivocados. Qualquer pessoa que transfere intensa energia para um objeto pode estabelecer contato com a pessoa representada pelo objeto, conscientemente ou não. Liberar a raiva dessa maneira não detecta nem elimina a causa, cuja origem pode se encontrar naquele que está esmurrando a almofada.

Estamos sempre transmitindo e captando energia inconscientemente. Por exemplo, se uma pessoa ajuda outra por obrigação e não por boa vontade, ela produz certo ressentimento interior, e o ressentimento é uma energia. Aquela que receber esta energia ficará perturbada e zangada, conquanto o ressentimento esteja muito bem dissimulado. Essa pessoa se tornará arredia e nada prestativa, o que, por sua vez, afetará a pessoa que ajuda de má vontade, deixando-a ainda mais ressentida. Desse modo, a energia terá formado um círculo de negatividade entre elas — ressentimento produzindo ressentimento. É necessária uma mudança completa de atitude para romper esse círculo. A comunicação e a compreensão são muito úteis. A energia é sentida tal como ela é, e não como fingimos que é.

Energia indesejável

Precisamos nos tornar mental e fisicamente dinâmicos quando recebemos energia indesejável; não podemos ser um alvo fácil, nem podemos ser pensativos e preocupados, permitindo que a energia se concentre em nós e nos prejudique.

A energia das imprecações e pragas costuma ser enviada por meio das formas de pensamento, ou utilizando-se um objeto que representa o receptor. Em algumas sociedades, elege-se uma pessoa especial para lançar pragas e maldições quando necessário, a qual se especializa em transferir energia para outras, com resultados específicos. Permitir que os alvos escolhidos saibam com antecedência o que está se passando deflagra a energia do medo; desse modo, é comum deixar um objeto perto da pessoa, a fim de tornar a intenção conhecida, o que aumenta o efeito. Quando o sinal é encontrado ou a energia é sentida, o alvo fica com medo, acreditando não ter escolha, e acrescenta essa energia àquela que está sendo enviada. Acreditar que se é vítima de uma maldição ou de uma praga e que não existe saída faz com que todos os acontecimentos, grandes ou pequenos, os quais em geral seriam ignorados ou afastados pela lógica, sejam atribuídos à maldição ou à praga, não importando se a energia enviada está provocando esses acontecimentos ou não.

Sentir ódio ou raiva de outra pessoa não significa necessariamente que a energia negativa abandona quem a transmite, nem que alcança o seu alvo, mas isso pode acontecer. Uma pessoa assustada se torna descuidada e hipersensível, ou seja, mais propensa a sofrer acidentes ou a perceber incidentes comuns e torná-los anormais, responsabilizando a interferência externa. A aura precisa ser purificada, e é bom que a pessoa sacuda as pernas e os braços. A pessoa que capta a energia precisa entender que ela tem escolha; não precisa aceitar e temer o que está vivenciando. Toda energia pode ser transformada e aproveitada.

Podemos sentir a energia do medo, do ódio, do ressentimento e da raiva em todos os níveis de vida. Não precisamos desse desequilíbrio, e devemos lembrar que temos escolha. Podemos nos recusar a aceitar o que acontece, abandonando a passividade e usando a nossa energia para motivar e ativar o nosso corpo físico, a nossa mente e o nosso espírito. A purificação da aura é fundamental para acabar com o que nela se introduziu. Podemos conscientemente ou não irradiar a energia de volta à sua origem, quando conhecemos quem a transmite. Podemos também enviar energia verde e azul, para a harmonia interior e exterior, a fim de ajudar alguém a reparar as suas faltas e o seu desequilíbrio.

Às vezes, podemos enviar ou receber mais energia amorosa do que é possível receber. Cada um de nós possui uma capacidade diferente para dar e receber. Se uma pessoa irradia energia amorosa para outra pessoa com demasiada energia, ou demasiado possessiva, a pessoa que capta a energia poderá se sentir sobrecarregada e encurralada. Nem sempre é possível fazer com que a pessoa que transmite a energia compreenda que essa energia é inaceitável e, conscientemente ou não, nós a rejeitamos.

Quando isso acontecer, irradie energia verde e azul, para aliviá-lo e ajudá-lo a suportar a sua intensidade, acrescentando o rosa para suavizar as próprias emoções.

Toda energia recebida poderá ser utilizada, transformada, ou então ela naturalmente voltará à sua fonte, se não for aceita. Toda energia é neutra, exceto quando influenciada pelos seres humanos. Se ela é enviada intencionalmente e aceita, conscientemente ou não, ela se torna parte da energia eletromagnética da aura. Não aceite energia indesejável.

Naturalmente, estremecemos quando nossa aura recebe energia indesejável. Sacuda-se vigorosa e regularmente para remover todos os padrões energéticos indesejáveis.

A energia da natureza

Toda matéria produz vibrações e gera energia. A essência energética da natureza pode influenciar tão profundamente os seres humanos que estes sentem a presença de uma divindade ou de um espírito, e passam a nutri-lo com a energia e os rituais até, finalmente, criar-se uma personalidade ou persona. A energia humana é absorvida e se torna parte da essência natural.

A energia das montanhas pode ser sentida por muitos dos que vivem nas proximidades e ser extremamente estimulante ou assustadora. Cada montanha possui um tipo de energia diferente e produz uma personalidade diferente, dependendo das pessoas que se comunicam com ela. Certas montanhas se tornam divinas para os que vivem próximos e que acreditam que a montanha se comunica com eles. O espírito de uma montanha é tratado com grande respeito.

A água é energia. Ela pode murmurar suavemente, como um regato, ou rugir, ao receber a energia de outras águas, como um rio ou como o mar, e aumentar sua força. A energia da água é extremamente variada e, quando sente que nós nos comovemos muito com a sua beleza, e ficamos apreensivos com a sua violência, modifica sua disposição e o seu som. Muitos crêem no espírito da água e se comunicam através de rituais e de dádivas, a fim de mantê-la feliz e benéfica.

As árvores possuem uma energia, individualmente e em conjunto. São capazes de transmitir vibrações umas às outras, preparando-se para transformações ou choques. As árvores também registram o que acontece à sua volta. Cada árvore mais antiga tem uma personalidade diferente, e as pessoas acreditam poder ver rostos nelas. A energia das árvores é benéfica para toda forma de vida. A essência espiritual de uma floresta é poderosíssima e extremamente mutável.

Todas as coisas vivas se influenciam mutuamente. Os seres humanos podem afetar a harmonia de toda a vida. Quando a harmonia é destruída, a vida se desintegra. Quando estamos em harmonia com a vida, seja qual for a forma por ela assumida, reconhecemos que fazemos parte do padrão global da vida e cooperamos com o espírito de todas as coisas.

Se pudéssemos compreender a energia em toda a sua diversidade, seríamos capazes de usá-la de maneira mais construtiva.

Quando deixarmos de ter medo de nossas diferenças e as compreendermos como parte de padrões naturais, ouviremos os sons uns dos outros, da Terra e do universo.

17

Energia espiritual e experiências fora do corpo

Quando uma pessoa está dormindo, sua energia espiritual pode abandonar o seu corpo. Se o corpo físico for influenciado, se ficar tenso ou se tiver necessidade de se mexer, o espírito terá de voltar. Quando uma pessoa está drogada, anestesiada ou inconsciente, o espírito pode partir e, mesmo se o corpo físico sofrer alguma influência, o cérebro não pode entrar em atividade; desse modo, nenhum sinal é enviado ao espírito para que ele possa voltar. O espírito se sente livre. Quando uma pessoa está inconsciente ou sob efeito de anestesia, o espírito pode pairar nas proximidades e observar os acontecimentos. Quando a pessoa recobra a consciência, ela consegue se lembrar de tudo o que aconteceu em torno do seu corpo, relatando tudo o que viu do alto e até mesmo o que foi dito. Se o estado de inconsciência se prolongar, o espírito poderá se afastar ainda mais, e iniciará a sintonia com a energia da alma, avançando em direção a esta. Poderá atravessar diversos níveis de energia da alma, alcançando, inclusive, o nível da sua alma, e estabelecendo contato com ela.

A alma, sabendo que chegou o momento de o seu espírito voltar, lhe dirá para voltar. Sentimos isso como uma voz dizendo-nos que temos de retornar. O cirurgião ou a enfermeira, percebendo que o paciente não recobrou a consciência, utilizará diversos métodos para trazê-lo de volta à consciência, inclusive mandando-o acordar ou voltar. O espírito ouve o que lhe dizem e, como no momento o cérebro também está consciente e envia sinais que revelam angústia, ele é obrigado a voltar. Tais experiências podem trazer à luz lembranças ou convicções subconscientes, as quais dão cor à experiência e à recordação, quando o cérebro retoma a sua atividade plena. Algumas pessoas acham que morreram e que voltaram à vida. Se realmente tivessem morrido, não teriam podido voltar a viver.

Quando passamos por esse tipo de experiência fora do corpo, o espírito pode sentir aquilo que nós, seres físicos, acreditamos acontecer ao fim da nossa vida. Todos temos idéias diferentes do que acontece nesse momento. Certas pessoas acreditam que irão para um lindo jardim, quando passarem pela morte física, e terão consciência dos amigos e dos relacionamentos que terão. Outras sentem a culpa, o medo da morte, ou acham que somos julgados. O espírito dessas pessoas, com essa convicção por algum tempo, perceberá fundamentalmente as coisas que aguardaram anteriormente.

Uma das lembranças mais comuns é a de um túnel com uma luz no final dele, a qual o espírito deseja alcançar. Quando retorna ao corpo, a pessoa se lembra de que, quando estava prestes a atingir a luz, ela foi chamada de volta, ou chegou a um lugar maravilhoso e se sentiu obrigada a voltar.

Parte dessas lembranças provém da consciência comum a todos nós. Existem certas imagens registradas à nossa volta, às quais nos vinculamos em determinados momentos, e é possível vincular-se às imagens comuns da morte.

À medida que o espírito se afasta, as idéias preconcebidas desaparecem, e as experiências espirituais têm início, e são individuais para todos nós.

Quando o espírito se aproxima da sua alma, ele vê luz e brilho, e procura alcançá-los, sentindo paz e harmonia profundas. Para o espírito, voltar para a sua alma constitui uma experiência adorável, encantadora e estimulante; depois desse contato, ele não sente vontade de voltar para a vida física. Entretanto, precisará voltar, caso a sua vida física não tenha chegado ao fim. O espírito não pode se desligar do corpo físico enquanto não chegar o momento final. Muitas pessoas, depois de passarem pela experiência de estarem próximos da alma, modificam toda a sua atitude em relação à vida; tornam-se muito religiosas, aperfeiçoam sua maneira de viver; descobrem seu potencial amoroso e as maneiras de usá-lo; concedem a si mesmas tempo e oportunidade para ter uma nova vida, ou desenvolver aptidões desconhecidas. Podem também viver de lembranças da experiência, perdendo contato com a realidade. A vida se torna preciosa para alguns, sem significado para outros. Todas essas recordações provêm de uma experiência fora do corpo, na qual o cérebro é incapaz de cuidar naturalmente da sua sobrevivência física. O corpo físico não pode mover-se sem o espírito. O espírito ativa o físico.

Quando dormimos, nosso espírito pode abandonar o corpo. Isso se aplica a todas as pessoas. Alguns raramente se afastam do seu corpo, outros fazem isso com freqüência. Nosso espírito pode ajudar os outros, visitar amigos, viajar e ter experiências. O espírito retorna ao corpo físico quando se aproxima o momento de ele despertar e, se essa volta se der de maneira muito brusca, poderemos acordar sobressaltados quando o nosso espírito voltar a nós e o nosso corpo puder se mexer novamente. Algumas pessoas se sentem inspiradas nas primeiras horas e, semidespertas, vêem cores ou rostos, à medida que as lembranças das viagens do espírito são assimiladas pelo cérebro. Durante o nosso período de vigília, podemos ter uma lembrança antiga de uma pessoa e, ao dormirmos, momento em que o nosso espírito pode partir, ele seguirá a lembrança e irá visitar a pessoa que foi lembrada. Esta, por sua vez, poderá sonhar conosco. A viagem fora do corpo não precisa ter um significado profundo. Assim como na nossa vida física, certas experiências fora do corpo são profundas e pessoais, e outras mal são lembradas; algumas são maravilhosas, outras não.

Nosso espírito pode visitar hospitais e pessoas assustadas ou enfermas, enquanto o nosso corpo físico dorme. Como a energia espiritual pode estabelecer contato com a energia espiritual, a pessoa aflita, cujo espírito não pode se afastar do corpo, se sente mais calma e segura após a visita. Pessoas enfermas relatam como estavam se sentindo sozinhas e amedrontadas durante a noite, quando alguém chegou e se sentou perto delas, o que as fez se sentir melhor. Para elas, o visitante é real. Quando perguntam à enfermeira ou a quem está cuidando delas sobre quem era a pessoa que passou a noite sentada a seu lado, elas lhe dirão que sonharam. A maior parte das manifestações espirituais são espíritos fora do corpo aqui da Terra.

Quando um espírito está fora do corpo físico, ele sente a luz e não as trevas, ainda que o exterior seja negro. O espírito não usa os olhos físicos e não necessita da luz para ver.

Objetos físicos vistos durante a vigília podem parecer muito diferentes quando sentidos por meio do espírito, fora do corpo físico, e retransmitidos ao cérebro, pois podem parecer distorcidos. Nós temos uma impressão física da nossa aparência física, que é diferente da aparência sentida pelo nosso espírito. Quando o espírito está longe do seu eu físico, raramente ele vê muitos espíritos nas cercanias, porquanto só consegue sentir a energia espiritual quando ela vibra da mesma maneira, ou de modo semelhante.

As recordações do espírito fora do corpo podem aflorar depois, durante a vigília, como um sonho a respeito de uma pessoa, de uma aventura, de uma viagem, de uma experiência profunda ou de uma informação obtida. Nosso cérebro freqüentemente faz acréscimos à lembrança do espírito se locomovendo sem a ação da gravidade, e acrescenta ao quadro a imagem de um avião ou um trem, pois isso é mais aceitável do que o registro de um vôo livre.

Enquanto o corpo físico continua em segurança, o espírito pode viajar a qualquer parte do mundo. Pode visitar as pessoas conhecidas e os espíritos das almas que conhece, os quais se encontram aqui na Terra passando por uma vida física junto com ele. Se alguém tocar ou ameaçar o corpo físico desse espírito, ou mesmo se algum barulho vier assustar esse corpo, o espírito retorna imediatamente para salvaguardar a sua existência física.

Se o espírito visitar alguém que está dormindo, e o registro de sua aura mostrar que essa pessoa é indesejável devido às suas ligações físicas, ele se manterá a distância; e se o espírito da pessoa adormecida estiver longe nesse momento, ele será trazido de volta para enfrentar o intruso.

Quando estamos despertos e em movimento, nosso espírito permanece no nosso corpo. Podemos achar que estamos fora do corpo, pois temos a sensação de pairar acima ou de estar ao lado de nós mesmos, mas esse é um estado de expansão da consciência, o que significa que nos desviamos do cérebro e adentramos a energia de nossa aura e, deste nível de consciência, podemos observar a nós mesmos e os acontecimentos como se estivéssemos separados do nosso corpo. Lembramos integralmente de tudo o que acontece, pois o cérebro registra tudo que está sendo vivenciado, no momento em que acontece, em seu estado de vigília.

18

A energia dos números

A numerologia básica utiliza dois números. Um deles é a soma de todos os números da data de nascimento, chegando-se a um único número (por exemplo, se você nasceu no dia 25 de dezembro de 1960, seu "número fixo" será 2+5+1+2+1+9+6+0 = 26 = 2+6=8). Esse número é fixo e imutável, pois não podemos mudar a data do nosso nascimento, e ele é usado nas situações que, esperamos, irão durar muito tempo. Podemos mudar de nome, portanto o número do nosso nome é usado para situações variáveis e instáveis.

A numerologia tem sido confundida, ao longo dos séculos, com inúmeras idéias e teorias diferentes, utilizando-se letras e números de sistemas diferentes e combinando-os das mais variadas maneiras. Métodos de interpretação diversos aumentaram a confusão, de modo que hoje não existem duas maneiras iguais de se obter o mesmo número e resultado.

Bem diferente da numerologia, existe o conhecimento milenar, e por vezes secreto, da energia dos números.

Todos os números possuem uma vibração, por conseguinte, apresentam uma energia sonora própria, independentemente do som que conferimos a eles nos diferentes idiomas. Essa energia que é importante; ela é a "vida" do número, e cria a sua essência. A essência é a força vital dos números.

Nossos centros energéticos reagem à essência dos números e sofrem os efeitos dessa energia.

Eles são afetados pela utilização e pelo som de certos números na nossa vida diária da seguinte maneira:

A Energia do:
Número 1 ... influencia a Alma
Número 2 ... influencia a Coragem
Número 3 ... influencia a Criatividade e o Desenvolvimento
Número 4 ... influencia a Energia Física
Número 5 ... influencia as Emoções
Número 6 (66) ... influencia o ser físico de três níveis
Número 7 ... influencia a Comunicação
Número 8 ... influencia a Inspiração
Número 9 ... influencia a Energia Espiritual/Kundalini
Número 10 ... influencia a Árvore da Vida/Centro Nervoso

O seis é a energia numérica da união, seja no relacionamento ou na edificação. Quando o cérebro físico está trabalhando como um computador e sem contato com o seu espírito e com a sua alma, nós reagimos sem nenhuma compaixão e de maneira subumana. O número 666, comumente pronunciado com temor, na realidade mostra a não-integração dos três estágios da vida, tendo como resultado o nível mais inferior do comportamento humano. Quando os três estágios da vida estão em harmonia, os três números seis se tornam uma vibração diferente, que se sobrepõe:

$$6 + 6 + 6 = 18 = 9$$

O nove é a energia do nosso centro espiritual, também chamado de Kundalini (ver página 40), desse modo, o nosso corpo físico também é, na realidade, o nosso ser espiritual, ao qual se une a energia de nossa alma, quando todos estão em harmonia e trocando energia.

Quando estamos em harmonia com os nossos três estágios do ser — alma, espírito e corpo físico —, absorvemos a energia da alma por meio do centro da alma, o qual, na sua viagem pela árvore da vida, se associa a todos os outros centros, nas sua trajetória para se unir ao nosso centro espiritual — a Kundalini. A energia alcança a nossa aura em termos de profundidade e extensão e retorna à nossa alma para se reabastecer e se unificar, e nós nos tornamos *um* ser completo, em vez de apresentarmos três níveis separados.

A força vital dos números era conhecida e respeitada no passado. As edificações, tais como o grande templo de Jerusalém e as pirâmides em Gizé e em outros lugares, foram elaboradas com extremo cuidado e perícia, utilizando-se medidas especificamente escolhidas para dar vida à construção e formas numéricas apropriadas. Os grandes templos e pirâmides sempre tiveram os mais experientes e inteligentes pedreiros, arquitetos e matemáticos envolvidos com a sua concepção, com a sua construção e com a sua realização. Cada detalhe da energia numérica, em todos os estágios da construção, recebia meticulosa atenção, inclusive o seu uso e a influência sobre os seres humanos que viriam a utilizá-la. Os campos à volta também eram importantes; eram estudados e medidos a partir dos seus padrões característicos das suas configurações e do sentido do fluxo dos seus rios, a fim de determinar sua energia numérica em relação à construção. Quando o conjunto estava concluído, as áreas internas e externas eram recobertas, pintadas e mobiliadas com o mesmo cuidado, depois de se constatar a correspondência energética desses elementos com respeito à energia numérica do conjunto.

Se por acidente a construção fosse destruída, outra seria levantada o mais rapidamente possível no mesmo local, caso houvesse possibilidade, seguindo as mesmas especificações. Caso houvesse necessidade de outro templo ou de pirâmide alhures, a mesma energia numérica seria rigorosamente obedecida. Os pedreiros, matemáticos e arquitetos detinham o conhecimento secreto da força vital dos números, por conseguinte, da criação, e eram muito estimados e respeitados. Posteriormente, os alquimistas buscaram o conhecimento da essência da vida através da medição de inúmeros componentes da matéria e do equilíbrio energético espiritual. Utilizaram a essência das suas vidas, proveniente dos seus centros energéticos, para modificar a matéria, pois esta também se baseia na energia numérica.

Nosso calendário é bastante novo, se comparado aos de outras culturas, mas como a energia de seus números é usada por muitas pessoas, ele passou a ter uma essência vital própria. Há grandes esperanças e muita apreensão quanto ao ano 2000. Esse ano não apresenta nenhum significado, no que diz respeito à idade da Terra, mas como as pessoas se preocupam com esse ano e conferem energia à idéia, ele será um ano especial.

Quando nascemos, não há registro da nossa idade; quando chegamos ao nosso primeiro aniversário, já vivemos um ano. O mesmo serve para o nosso calendário. Quando chegarmos ao ano 2000, ele já terá acabado. Para utilizarmos a energia numérica de 2000, deveríamos iniciar nossas comemorações no dia 1 de janeiro de 1999, culminando no dia 31 de dezembro de 1999, fim do ano 2000, mas como acrescentamos nossa energia à energia do número 2000, nós criamos uma energia especial.

Cada ano possui uma essência vinculada a seus números:

$$1992 = 1 + 9 + 9 + 2 = 2 + 1 = 3$$

O número três apresenta uma energia numérica relativa à criatividade e ao desenvolvimento. Seu oposto é o ciúme e a inveja. Nós tínhamos uma escolha em 1992 — ser criativos e nos desenvolvermos, ou ser ciumentos e invejosos.

$$1993 = 1 + 9 + 9 + 3 = 2 + 2 = 4$$

O número quatro apresenta uma energia numérica relativa à energia física. Seu oposto é a raiva e o ressentimento. Tínhamos uma escolha em 1993: construir com a nossa energia física ou destruir por meio da nossa raiva.

$$1994 = 1 + 9 + 9 + 4 = 2 + 3 = 5$$

O cinco é um número que se relaciona com as emoções. Seu oposto é o ódio e a obsessão. Nós temos uma escolha em 1994: amar generosamente ou causar a destruição por meio do ódio.

$$1995 = 1 + 9 + 9 + 5 = 2 + 4 = 6$$

O seis é o número da espécie humana. É uma energia númerica extremamente importante. Em 1995, alcançaremos um estágio no qual poderemos nos comunicar como seres físicos/espirituais em contato com a nossa alma, ou mostrar a nossa natureza autômata e irracional ao mundo e à vida que o habita.

$$1996 = 1 + 9 + 9 + 6 = 2 + 5 = 7$$

O sete é a energia numérica relativa à comunicação. Em 1996, poderemos escolher entre o diálogo com as pessoas deste mundo de maneira honesta e franca, ou poderemos nos fechar, individual ou coletivamente, recusando-nos a estabelecer essa comunicação e, em conseqüência, nos tornando isolados, como indivíduos e comunidades.

$$1997 = 1 + 9 + 9 + 7 = 2 + 6 = 8$$

O oito é a energia numérica que se relaciona com a inspiração e com as aspirações, e também contém a essência da continuidade. Em 1997, poderemos escolher entre usar essa energia para organizar uma campanha inspirada pela continuidade da vida na Terra, ou ficar deprimidos e cegos em relação ao futuro.

$$1998 = 1 + 9 + 9 + 8 = 2 + 7 = 9$$

O nove é a energia numérica que se relaciona com a consciência espiritual e com o reconhecimento da unidade da alma, do espírito e do corpo durante a nossa permanência na Terra. Em 1998, poderemos usar esta energia a fim de mergulhar dentro de nós mesmos e, a partir da nossa força espiritual, procurar a harmonia da nossa vida física.

$$1999 = 1 + 9 + 9 + 9 = 2 + 8 = 1 + 0 = 1$$

A energia do número um se relaciona com a existência da alma. Em 1999, poderemos utilizar essa energia para reconhecer que fazemos parte da vida grandiosa na Terra e, por meio do nosso centro da árvore da vida, alcançar na sua plenitude o nosso potencial como parte da energia da nossa alma.

2000 = 2

A energia do número dois se relaciona com a coragem e com a segurança, e poderemos utilizar essa energia no ano 2000 para nos mantermos fortes e corajosos em todas as questões concernentes à qualidade da nossa vida.

Essas energias numéricas dos anos exercem certa influência sobre nós porque conferimos a elas energia, mediante a escolha que fazemos do tipo de calendário. Quanto mais um número é usado coletiva e individualmente, mais forte se torna a sua energia.

19

Exercício: A ligação com a alma

Existem muitas maneiras de estabelecer a ligação com a energia da nossa alma, por meio do espírito e do corpo. O exercício que se segue é uma dessas maneiras. A localização dos centros é dada no capítulo A energia da aura, na página 149.

Ajuste um despertador para tocar dez minutos depois de você iniciar o exercício. Não se apresse, não tenha expectativas, não fique pensando, pois tudo isso ativa a imaginação, o que poderá induzir ou limitar a experiência. Observe, sinta, participe da experiência.

O exercício pode ser praticado diariamente ou em intervalos maiores. É aconselhável concluir o exercício quando chegar o momento determinado. Se não interromper no momento certo, quando terminar o exercício, você poderá perceber que se passaram horas. Esse fato por si só não revela nenhum perigo, mas demonstra que você não compreendeu bem o exercício, o qual exige que você permaneça consciente e participe de corpo e alma da experiência.

Sente-se confortavelmente, as mãos sobre o colo, as palmas voltadas para cima, polegar e indicador formando um círculo.

Respire, e entre em contato com cada centro: inspire sentindo a respiração chegar ao centro dourado da alma (no topo da cabeça), que partilha seu espaço com a inspiração; expire no centro da comunicação (na região inferior da cabeça e pescoço).

Inspire através dos centros da comunicação, da inspiração e da alma, e expire no centro da emoção. (O centro da emoção situa-se entre a parte superior dos ombros e a parte média das costelas, incluindo os braços e as mãos.)

Inspire no centro da emoção, da comunicação, da inspiração e da alma, e expire no centro solar (situado na parte média das costelas, estendendo-se até a parte superior dos quadris), a fim de estabelecer contato com sua essência espiritual.

Inspire a partir do centro solar, através do centro da emoção, da comunicação, da inspiração e do centro dourado da alma, e expire no centro da criatividade (situado na região inferior do corpo, a partir da parte superior dos quadris até abaixo dos pés). Sua essência espiritual alcançará então o centro Kundalini (na base da coluna).

Respire profundamente, e sinta as energias despertando dentro de você, unindo cada centro, em seu percurso através da árvore da vida (situada no centro de nosso corpo físico, começando acima da cabeça e terminando abaixo do pés) até o centro dourado da alma. Expire, sentindo a sua energia no topo da cabeça. Estabelece-se, então, a ligação com o centro espiritual Kundalini, através de todos os níveis energéticos até o centro dourado da alma, que se encontra no interior da cabeça e em torno dela.

Sinta a energia dourada na parte superior da cabeça. Torne-se uma parte desta energia. Torne-se uma parte da verdadeira origem da energia. A energia dourada da alma pode ser sentida como uma tigela, como um pires ou como uma taça. Sinta a energia aflorando lentamente, percorrendo a aura, expandindo-se e percorrendo o sentido horário. Não force a experiência — ela acontecerá naturalmente. Permaneça em paz e em harmonia com todo o seu ser. Você poderá sentir que está flutuando ou saindo do seu corpo; na realidade, você está expandindo a consciência. Poderá ter visões com respeito à sua vida atual ou a vidas passadas.

Torne-se uno com a energia; sinta-a permear o seu eu físico e espiritual, dentro e fora de você.

Para finalizar o exercício, comece pela energia dourada da alma, acima da cabeça, e inspire suavemente neste centro, expirando através do centro da comunicação, através de cada centro, até finalmente alcançar o centro criativo e a kundalini. Respire normalmente. Abra os olhos, toque um objeto e faça movimentos suaves e graciosos. Beba um pouco de água.

A princípio, você não deve demorar mais de 10-15 minutos neste exercício. Se você ultrapassar esse tempo logo de início, a sua imaginação haverá de predominar, e o exercício não terá valor. Aumente o tempo gradativamente, mas, em geral, 20 minutos são suficientes. Esse exercício tranqüiliza e fortalece a pessoa. Nós nos integramos com o nosso ser interior, e podemos absorver a energia da nossa alma. A experiência proporciona a paz, a harmonia e o alívio para os nossos problemas cotidianos.

A energia do nosso espírito pode se vincular ao centro dourado da nossa alma durante o sono, e podemos sonhar que estamos nos aproximando de um objeto, ou, às vezes, penetrando esse objeto, que tem a forma de um pires gigantesco, envolvido por cores e luzes. Ele poderá ser interpretado como um OVNI, pois a experiência é muito profunda, e as impressões cerebrais bastante intensas. A experiência também pode envolver o encontro com figuras ou formas que parecem totalmente reais, dentro ou fora do objeto em forma de pires. Quando acordamos, estamos convencidos de que se tratou de uma experiência física, e podem ocorrer reações nervosas, tais como erupções cutâneas em diversas partes do corpo.

20
Exercício: Energia da alma e essências da vida

Quando conscientemente entramos em sintonia com determinadas energias naturais, o resultado pode ser muito satisfatório. Em geral, o exercício é realizado por um grupo de pessoas, pois o grupo energiza o ambiente, e pode haver troca de experiências após o exercício, e isso promove a expansão e o esclarecimento do que aconteceu a cada uma delas.

Reúna vários objetos para representar a Terra e tudo o que existe nela. Por exemplo:

um anel (de ouro)
um bracelete (de prata)
algumas pedras preciosas
plantas na terra
flores na água
um objeto de cerâmica

conchas
cristais
uma escultura
uma pinha
uma vela acesa
figuras de animais, de pássaros, de peixes

As pessoas se sentam em círculo, em torno dos objetos. Elas não tocam umas nas outras. Um coordenador é escolhido. Realiza-se o exercício respiratório mencionado no capítulo A ligação com a alma (página 121) até que a energia dourada da alma, na região superior da aura, seja alcançada. Os participantes sentem e absorvem a energia dourada, promovendo a própria harmonia e equilíbrio.

Depois, a energia poderá ser projetada sobre os objetos no centro, quando o coordenador sentir que todos estão prontos. A energia de cada um será concentrada nos objetos e em torno deles, formando uma grande imagem em forma de pires ou tigela no centro do círculo. Essa imagem girará no sentido horário se houver harmonia, e cada pessoa sentirá vibrações diferentes, as quais poderão se expressar na forma de cores, de formas, de odores, de sons e de sensações táteis. A experiência de cada pessoa alcançará uma profundidade diferente, mas a energia refletirá o nível de profundidade da maioria. Não tenha expectativas — apenas sinta. Passados cinco ou dez minutos, o coordenador deverá pedir a todos para respirar suavemente, sentindo a energia voltando do centro da sala. Cada um receberá a sua energia irradiada, e não a de outro participante. As pessoas dirigem a respiração para baixo, percorrendo cada centro, expirando no centro imediatamente inferior, como já foi explicado. Elas abrem os olhos; o exercício é concluído com as pessoas tocando um objeto e fazendo movimentos físicos, depois, bebem um pouco de água.

As imagens, a energia projetada e a harmonia conjunta permanecerão presentes e se tornarão parte do ambiente, para que todos possam compartilhá-la.

A experiência de novo é feita com novos objetos. As pessoas procuram descobrir quais se harmonizam entre si.

21
O bastão de energia

A espécie humana sempre buscou formas de curar, e diversos métodos e recursos têm sido inventados e utilizados ao longo dos séculos, a fim de aprimorar essa aptidão natural. A combinação de cobre e de quartzo é uma dessas maneiras que é chamada de bastão de energia ou vara energética (ver página 127).

O bastão pode ser de qualquer tamanho, mas as seguintes medidas são as mais comuns:

- um tubo de cobre de aproximadamente 12 polegadas (30 cm de comprimento) e 3/4 de polegada (2 cm) de diâmetro;
- um, dois ou três pedaços de quartzo branco do mesmo tamanho, ou pequenos pedaços para preencher o tubo, além de um pedaço grande;
- algum material para amarrar o tubo.

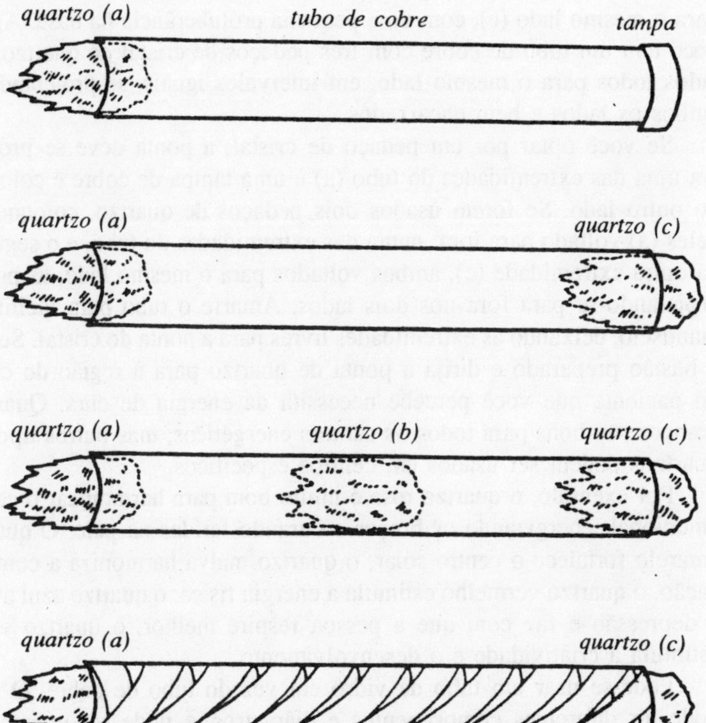

Bastões de energia

Os componentes devem ser purificados, utilizando-se o método de purificação (ver páginas 132-134). Se forem utilizados três pedaços de quartzo, certifique-se de que um deles fique com a ponta, medindo cerca de meia polegada, à vista, numa das extremidades do tubo (a); ponha o outro pedaço na metade do tubo, voltado para o mesmo lado (b); coloque o terceiro pedaço de quartzo na outra extremidade, voltado também para o mesmo lado (c), com uma pequena protuberância na base. Agora, você tem um tubo de cobre com três pedaços de cristal de quartzo voltados todos para o mesmo lado, em intervalos iguais, se projetando de ambos os lados e bem encaixados.

Se você optar por um pedaço de cristal, a ponta deve se projetar em uma das extremidades do tubo (a) e uma tampa de cobre é colocada do outro lado. Se forem usados dois pedaços de quartzo, coloque um deles (a) voltado para fora, numa das extremidades do tubo, e o segundo na outra extremidade (c), ambos voltados para o mesmo lado, as pontas projetando-se para fora nos dois lados. Amarre o tubo para facilitar o manuseio, deixando as extremidades livres para a ponta do cristal. Segure o bastão preparado e dirija a ponta de quartzo para a região do corpo do paciente que você percebe necessita da energia de cura. Quartzos brancos são bons para todos os centros energéticos, mas outros tipos de quartzos podem ser usados em centros específicos.

Por exemplo, o quartzo rosa é muito bom para harmonizar o centro emocional, energizando os braços e curando feridas na pele. O quartzo amarelo fortalece o centro solar, o quartzo malva harmoniza a comunicação, o quartzo vermelho estimula a energia física, o quartzo azul afasta a depressão e faz com que a pessoa respire melhor, o quartzo verde estimula a criatividade e o desenvolvimento.

Pode-se usar um tubo de vidro em vez do tubo de cobre. O tubo pode ter diferentes comprimentos e diâmetros, e pode ser preenchido com pequenos pedaços de quartzo, todos do mesmo tipo ou de tipos diferentes. Coloque uma tampa de cobre em cada extremidade do tubo e dirija-o para a pessoa que necessita da energia de cura. Algumas pessoas adaptam um vibrador elétrico ao bastão, para energizar o quartzo. Vidro colorido também pode ser usado em lugar do quartzo, pois a cor do vidro também irradia uma energia benéfica.

22

Neutralização da energia

Linhas Ley

As linhas Ley são a energia eletromagnética da Terra. Essa energia pode ziguezaguear, espiralar-se, curvar-se e inclinar-se, avançar em linhas retas, percorrer quilômetros ou apenas alguns metros. Ela cobre todo o planeta. Algumas regiões possuem uma grande concentração dessa energia; outras, muito pouca.

Trata-se de uma energia neutra e natural. Não é boa nem má, não é masculina nem feminina; é energia pura. Os seres humanos exercem influência sobre a energia Ley, e esta, por sua vez, influencia os seres humanos. A energia intensa dos seres humanos é registrada pela energia Ley, e esta energia sentida pelos seres humanos muito tempo depois do acontecimento.

Quando as ações humanas ficam registradas numa linha energética estável, o registro continua no local e desaparece pouco a pouco, exceto se for alimentado pela ação recíproca entre os homens.

Se a energia Ley se associar à água corrente, todos os atos humanos que participam dessa energia Ley serão registrados e fluirão com a água, influenciando todos os que usam a linha energética por algum motivo, enquanto a água continua fluindo.

A energia Ley pode penetrar a Terra em espiral, ou ascender e emanar dela em forma de um grande cone. Quando a energia Ley era respeitada e utilizada com cuidado, como no pico Glastonbury, essas imensas espirais eram cuidadosamente recobertas com terra e transformavam-se em colinas criadas pelo homem. A linha da energia Ley era recortada na colina, formando um caminho em espiral do sopé ao topo, onde era colocada uma grande pedra com propriedades magnéticas. As pessoas que queriam sentir a energia vital do planeta, melhorar a saúde ou receber inspiração ficando expostas à energia, escalavam a colina pelo caminho em espiral e tocavam a pedra no topo, transmitindo e absorvendo energia de acordo com suas possibilidades. Alguns picos eram tão altos que pequenos assentos foram entalhados na encosta, para que os alpinistas pudessem repousar durante a escalada e, em alguns locais, alimentos e bebidas eram colocados nesses nichos, para que o alpinista pudesse refazer as forças.

No ponto de cruzamento das linhas retas da energia Ley, o ponto central era demarcado por uma grande pedra magnética, ou cada linha era demarcada por pedras, formando um círculo que funcionava como uma bateria para a energia. As pessoas adentravam o círculo e, após receberem a energia de que tinham necessidade, ou de ouvirem as instruções dos guardiães da energia Ley, caminhavam no sentido horário, fora do círculo de pedras, a fim de repor a energia por eles utilizada.

Um tipo de energia Ley se movimenta em ziguezague; quando esta energia foi descoberta num passado remoto, as pessoas cobriam toda a extensão da energia Ley, curvilínea, com terra, e subiam até o topo, a fim de sentir a energia da terra. Vista de cima, tinha ela a forma de uma serpente.

Picos, morros e ziguezagues Ley eram feitos não como colinas que serviam de cemitério, mas para que todos pudessem se beneficiar, andando sobre energia pura. Esses locais eram cuidadosamente protegidos, e só os que compreendiam a importância dessa energia podiam utilizá-la.

Vez por outra, as pessoas constroem casas sobre a energia Ley. Tudo o que acontece na casa é registrado pela energia, e afetará as pessoas que ali vivem. O efeito pode ser maravilhoso ou deplorável, um pesadelo ou um paraíso de paz, influenciando a saúde e a mente, dependendo das atividades humanas que alimentaram a linha de energia Ley ao longo do tempo.

Caso se constate que o desequilíbrio é causado pela energia Ley, e que está afetando negativamente as pessoas da casa, o efeito pode ser neutralizado pela purificação, pelo uso do cobre em cada recinto e, se possível, também na área externa.

O cobre neutraliza a energia Ley, e os fios de cobre são de mais fácil manuseio. Corte-os em pedaços de meia polegada de comprimento (1 1/4 cm). Cada ambiente precisa passar por esse tratamento.

Comece na porta de cada sala e avance no sentido horário; dê pancadinhas no chão com um pedaço de fio de cobre, tocando as paredes e todos os recantos e extremos.

Depois de passar o fio de cobre em todo o recinto, vá para o seguinte e repita a operação. O mesmo deve ser feito em todos os patamares e escadas.

Depois de passar o fio de cobre em todo o interior da casa, é aconselhável, se possível, tratar a área externa da casa da mesma maneira. Avançando no sentido horário desde a porta de entrada, varra o chão com pedaços de cobre, tocando todos os recantos da casa.

Terminado esse procedimento, entre na casa e realize a cerimônia da flor, da vela e do sal em cada ambiente (ver página seguinte) e, se possível, na área fora da casa.

Pequenos objetos de cobre nos ambientes ajudam a manter o equilíbrio. Se houver uma sala para algum tipo de cura, uma vela acesa num recipiente de cobre manterá o ambiente purificado.

Cômodos

As casas e os seus aposentos são influenciados ao longo dos anos pelas pessoas que os utilizam, deixando impressões nos tijolos e na madeira. Em geral, a limpeza regular e a circulação de ar puro neutralizam grande parte da velha energia. Contudo, energias indesejáveis podem ser transmitidas até mesmo por alguém que está em desarmonia, e que faz uma visita de poucas horas. Ela também pode deixar uma energia capaz de perturbar o ambiente, as pessoas e os animais.

Quando você mudar para outra casa, elimine as energias velhas antes de deixar a sua antiga casa, e depois faça a limpeza, logo que possível, e elimine as energias remanescentes na casa nova.

A cerimônia descrita abaixo assegura essa neutralização.

Componentes: flores
uma vela e fósforos
sal

A neutralização de toda a casa ou apartamento começa no cômodo mais distante da porta de entrada. Coloque flores no centro, acenda uma vela e coloque-a junto com as flores. Ponha um pouco de sal na palma da mão, vá até a porta e percorra o quarto no sentido horário, esparzindo sal nos cantos. Quando chegar novamente à porta, pegue a vela, saia do quarto, feche a porta e coloque sal na soleira da porta. Repita o mesmo procedimento em todos os cômodos até chegar na porta de entrada; na soleira do lado de fora também deverá ser colocado um pouco de sal.

Depois que todos os ambientes passarem por esse tratamento, volte a cada cômodo, fique de pé no centro e banhe a atmosfera com a energia de cura, girando lentamente as mãos no alto. Você pode realizar esta cerimônia sozinho ou com pessoas experientes.

Se possível, percorra a área de fora da casa com a vela acesa, no sentido horário, espalhando sal e pétalas de flores e/ou ervas.

Se alguma área de um cômodo for influenciada pela energia de um visitante, trazendo desarmonia, coloque flores e uma vela acesa no local afetado, e depois espalhe sal; isso neutralizará a energia deixada pelo visitante.

Objetos e jóias

Seres humanos e animais eliminam a energia indesejável sacudindo o corpo vigorosamente. Tremores ou arrepios involuntários são uma autopurificação da aura.

Objetos que são matérias-primas naturais não podem realizar uma autopurificação da energia acumulada e, com o passar dos anos, podem armazenar não apenas impressões visuais, como também os sentimentos das pessoas que os utilizaram.

Pedras, gemas, quartzo, madeira, metal, todos eles absorvem e armazenam energia, às vezes, durante milhares de anos. Se usamos esses elementos, ou se eles estão presentes no nosso ambiente, sem que seja feita a purificação energética, podemos sentir tudo o que foi registrado, conscientemente ou não, e sofrer os seus efeitos.

Uma jóia usada anteriormente por outra pessoa, que sofreu uma experiência traumática ou alguma enfermidade, poderá afetar o bem-estar do seu novo dono, pois ele estará absorvendo as energias da jóia. Acontecimentos e sentimentos do passado absorvidos do objeto podem fazer com que o atual proprietário mude de personalidade ou seja acometido por depressões, dores ou angústias totalmente sem relação consigo mesmo.

Peças de vestuário usadas por outra pessoa, quando não são lavadas nem limpas, podem manter a vibração de quem as usou e afetar o novo usuário. Portanto, devem ser bem lavadas ou limpas antes de serem usadas. Desse modo, são eliminados os registros energéticos anteriores.

Existe uma maneira simples e eficaz de purificar energias antigas sem eliminar o registro pictórico do objeto. O objeto manterá as energias do atual proprietário ou usuário mesmo após a purificação.

Esse método só pode ser usado com objetos que resistem à água. Você necessitará de:

um prato de material não-metálico
uma peneira ou pinça de material não-metálico
um pedaço de tecido branco de algodão
um pedaço de tecido preto de algodão (veludo)

Encha o prato até a metade com água fervida, mas com sua temperatura normal. Coloque os objetos na água. Coloque as mãos em torno do prato, se possível com os dedos entrelaçados. Gire suavemente o prato no sentido anti-horário até que a superfície da água ondule para a esquerda, sentindo o passado retornar ao passado. Faça uma pausa. Gire o prato no sentido horário até que a superfície da água ondule para a direita, sentindo cores nítidas e claras penetrando a água, por meio da sua energia. Faça uma pausa. Sem tocar a água com as mãos, retire os objetos do prato. Você pode usar luvas de cozinha, pinças não-metálicas ou filtrar a água com uma peneira plástica. O prato só deverá voltar a ser usado depois de ser bem lavado.

Sem tocar os objetos com as mãos, transfira-os para um pedaço de tecido branco de algodão e seque-os suavemente com movimentos primeiro no sentido anti-horário e em seguida no sentido horário de sua mão. Transfira os objetos para o tecido preto de algodão, e esfregue-os suavemente no sentido anti-horário, depois no sentido horário.

Agora, os objetos estão prontos para ser usados. Eles manterão os registros do próprio passado, mas não a energia dos sentimentos. Os objetos estarão limpos para o novo dono imprimir seus registros. Caso seja você o novo proprietário, tome os objetos nas suas mãos e deixe-os repletos da sua energia. Se você estiver purificando os objetos para outra pessoa, não toque neles; entregue-os ao novo dono, para que este os segure e energize para si mesmo.

Se o objeto não for à prova d'água ou não couber no prato, use um tecido azul de algodão no sentido anti-horário e em seguida no sentido horário no lugar da água, e por fim use os tecidos branco e preto para concluir a limpeza.

O mobiliário também pode ser purificado das vibrações de seu antigo proprietário. Use um tecido azul, movendo-o primeiro para a esquerda e depois para a direita, sentindo as energias velhas afastando-se e as novas entrando, e, por fim, esfregue o móvel com o pano branco e faça o polimento com o pano preto.

Quando fizer esse tipo de limpeza em carros usados, não se esqueça de limpar a parte interior do carro, especialmente o assento do motorista. Um antigo proprietário excêntrico ou inseguro poderia influenciar a forma de dirigir do novo dono quando este tocasse o volante e pisasse nos pedais.

Parte III

Cura e Energia da Aura

23
Utilização da energia de cura

Todas as criaturas possuem o dom de curarem a si mesmas, mas, em certas ocasiões, a energia necessária para a cura não é gerada a partir do interior da pessoa. Alguém que sofre uma baixa energética devido a uma doença, a um choque, a um sofrimento, à poluição ou à tensão, precisa de energia para repor essa perda o mais rápido possível a fim de recuperar o equilíbrio, a resistência e a harmonia; desse modo, obterá o alívio para o seu sofrimento e será ajudado a encontrar uma solução para a causa do problema. O agente da cura tem a capacidade de transmitir energia pura para outra pessoa, no sentido de que ela possa se reabastecer e se curar. Os curadores não curam outro ser, mas possibilitam que este ser ajude a si mesmo, à sua maneira e a seu tempo.

Existem curadores de todos os tipos, tamanhos, raças ou credos. Independentemente da sua aparência, da sua crença na cura ou do seu estilo de vida, se eles se preocupam com a vida e o bem-estar dos outros, a energia transmitida terá compaixão e solicitude. Se o curador despreza as pessoas, permite a interferência de suas preferências pessoais, é vaidoso e negligente, a energia de cura continuará a fluir, mas o beneficiário sentirá a ausência de doação, qualidade e carinho. Os benefícios serão reduzidos. Uma pessoa necessitada deve escolher um curador com quem se sinta confiante e em harmonia. Todos são diferentes. A diferença está na energia que transmitem para as pessoas.

Alguns curadores podem usar sua sensibilidade mediúnica para descobrirem a causa da perda energética, de modo que o beneficiário descubra a causa e recupere a energia tanto quanto lhe for possível. Alguns curadores não conseguem sentir nem diagnosticar as causas, o que não significa que sua capacidade curativa seja menor. Um curador não precisa ter convicções religiosas, nem ser celibatário, nem de natureza introspectiva, tampouco se isolar periodicamente dos seres humanos para transferir a energia de cura.

Na verdade, quanto maior a ligação com as pessoas, a liberdade de pensamento e a experiência de vida, melhor será a qualidade da energia e capacidade de transmiti-la, e, para os que conseguem sentir a causa, maior a gama de informações.

Os curadores não precisam se fechar num quartinho com luzes coloridas e aromas, longe de ruídos estranhos para que possam trabalhar; podem atuar em qualquer lugar e em quaisquer condições. Naturalmente, é mais agradável ter um local tranqüilo e harmonioso para trabalhar, o que também favorece a harmonia e o bem-estar da pessoa necessitada, mas isso não é imprescindível.

Quando a energia é transmitida do curador para outra pessoa, ele também se beneficia. A primeira onda de energia recebida pelo curador o harmoniza e purifica. Ele não transmite sua energia para os outros. Se a transmissão da energia deixar o curador cansado ou sem energia, possivelmente ele está utilizando sua própria energia física, que não é energia de cura. Os agentes de cura ficam fisicamente cansados quando trabalham por muito tempo, assim como todas as pessoas, mas não com a transmissão energética. A energia flui sem nenhum esforço.

Existe uma multiplicidade de causas que levam as pessoas a ficarem enfermas e aflitas. Há os que acreditam que estamos punindo a nós mesmos quando adoecemos, que não nos amamos o bastante, ou que estamos purificando algum resíduo de uma vida passada, mas nem todas as doenças são criadas por nós mesmos, nem todos os infortúnios são programados de antemão. Podemos nos tornar parte do desequilíbrio de outra pessoa; os seus erros ou negligências podem afetar a nossa vida, ou até mesmo uma sucessão de acontecimentos é capaz de fazer isso. Não devemos nos sentir culpados quando não estamos bem, mas sim buscar a causa, solicitar energia curativa e prosseguir. Nós somos o produto do tipo de vida que levamos e de nossa sociedade, e somos afetados por eles. Quando o nosso eu físico é afetado, as suas propriedades autocurativas se enfraquecem e nós ficamos sujeitos às doenças da nossa época. Algumas pessoas afirmam que tudo tem um propósito, e de fato é assim, mas algumas vezes o propósito ou o motivo se relaciona com as outras pessoas, e não apenas conosco.

Às vezes, é preciso encontrar a razão ou a finalidade da experiência, a fim de usar bem o período de incapacidade, e para tal um período de reflexão e repouso faz-se necessário. Vidas passadas não causam doenças no presente, mas a lembrança de uma vida passada pode ser deflagrada quando nos encontramos em determinadas situações. Ver o resultado positivo de tudo o que acontece, inclusive seus efeitos sobre outras pessoas envolvidas, pode exigir tempo, mas por si só já é a cura, fortalecendo nosso campo energético, aliviando a sensação de sermos a vítima.

Nem tudo o que acontece à nossa volta é ocasionado por nós enquanto indivíduos. Podemos nos envolver numa sucessão de acontecimentos. Ainda assim, poderemos descobrir nossas forças e fraquezas com a experiência, embora outra pessoa tenha sido a causadora. Quando recordamos um período de nossa vida, comumente percebemos o padrão ou a série de acontecimentos daquele momento, e como nos tornamos parte deles; então, percebemos algum propósito ou razão para os fatos, não importa se nós fomos o personagem principal ou não.

O curador solícito e capaz ajudará as pessoas a compreenderem as razões ou a finalidade daquilo que lhes aconteceu. Podemos olhar para trás e descobrir que passamos por um período extremamente difícil, pessoal e doloroso de nossa vida, sem conseguirmos entender o porquê desta dificuldade. Não conseguimos encontrar absolutamente nenhuma razão, nenhuma finalidade. Quando isso acontece, devemos procurar perceber *quem mais* estava nos influenciando, e que pessoa estava sendo influenciada pelos fatos da época. Talvez alguém necessite de nossa compreensão. Os fatos não terão afetado apenas a nós.

Podemos escolher de que maneira vamos lidar com os fatos que acontecem em nossa vida.

Nota:

No meu livro *As I See It...*, são oferecidas diversas maneiras de transferir energia de cura, incluindo a harmonização da aura, a harmonização pelo toque ou a *laser* e a harmonização dos centros. Os capítulos subseqüentes (24-28) examinam essas alternativas.

24
Projeção de círculos coloridos

A projeção de círculos coloridos que giram em torno da pessoa necessitada ou de nós mesmos constitui uma forma bastante eficaz de utilização da energia de cura.

Três círculos

Inspire através de cada centro energético e expire no centro imediatamente inferior (ver páginas 121-123, sobre os centros energéticos), até alcançar o centro criativo. Respire profundamente e, ao expirar, sinta a energia ascendendo até ultrapassar a sua cabeça. Projete essa energia para a pessoa necessitada.

Sinta os três círculos, um de cor rosa, outro azul e outro dourado (ou qualquer combinação intuída) girando, no sentido horário, em torno do centro solar. Isso manterá a pessoa num local seguro e protegido quando se sentir ameaçada ou apreensiva.

Cinco círculos

Sinta a energia azul formando um círculo que gira em torno da cabeça, no sentido horário, e em seguida a energia malva formando uma espiral em torno do pescoço, um círculo vermelho e rosa girando em torno do centro cardíaco; uma espiral amarela em torno do centro solar; a energia verde girando em torno do centro da criatividade e da evolução, incluindo as pernas. Desvie o olhar se quiser interromper a conexão. Os círculos vão girar para cima, para baixo e para os lados.

Esse método purifica, limpa e revitaliza cada centro. O curador também pode utilizá-lo consigo mesmo, sentindo os círculos formando-se e girando em torno de seus próprios centros energéticos. Alguns curadores acreditam que olhar para um espelho ajuda-os na autocura. Projetam a energia no reflexo que vêem no espelho, o qual enviará a energia ao emissor.

25

Cura a distância

A cura a distância consiste em transmitir energia para alguém que, por alguma razão, não pode estar pessoalmente com o curador. Recebida a energia de cura, ela atua de diferentes maneiras, a fim de se adaptar à pessoa que a estiver recebendo.

Em alguns casos, uma modificação pode ser imediatamente percebida; em outros, é preciso algum tempo até que os benefícios se concretizem.

Quando há dor, muitos sentem o alívio prontamente, o que os estimula a buscar a causa e a eliminá-la, se necessário. Entretanto, nem sempre a dor está onde se encontra o problema, e a energia de cura irá diretamente ao centro afetado, atuando sobre a causa. Nesses casos, a dor pode perdurar por mais algum tempo, até que a causa tenha sido harmonizada.

Se uma pessoa criou uma enfermidade por alguma necessidade ou justificativa pessoal, ela poderá se recusar a se sentir bem, pois as razões de sua doença não foram harmonizadas. A energia de cura fortalecerá a ligação espiritual, e a pessoa irá se sentir mais forte e, por conseguinte, mais capaz de lidar com o problema original.

26
A expansão da energia

Se uma pessoa estiver se sentindo sobrecarregada, deprimida, amedrontada, humilhada ou desajustada, diferentes pedras ou seixos coloridos dotados de energia curativa purificarão a aura e permitirão a expansão da energia espiritual no espaço da sua aura. Neste método de cura, você não deve utilizar o quartzo, pois a energia dele poderá causar interferências na energia natural da aura do paciente. Pedras e seixos não perturbam o equilíbrio natural. As pedras são usadas por suas formas e cores, e também para criar um padrão no trabalho do curador. Experimente diferentes tipos de pedras, até encontrar aquelas que combinam com você. Reúna cerca de seis pedras diferentes e guarde-as juntas, numa bolsinha, depois de purificá-las. Segure as pedras diante da pessoa com quem estiver trabalhando e você sentirá qual delas é a mais adequada para essa pessoa, naquele momento. Segure a pedra escolhida com as mãos em forma de concha e respire suavemente na pedra; esse procedimento ampliará sua energia até a pedra, e ela se tornará um instrumento da energia de cura.

Segure a pedra a uma distância mínima de seis polegadas (15 cm) do paciente por alguns segundos. Faça o paciente sentar-se, os pés tocando o chão, a palma das mãos sobre as coxas. (Ver ilustrações na página 147.)

1. Segure a pedra com a mão direita. Fique de pé atrás da pessoa e coloque as mãos sobre seus ombros, afagando-os suavemente a fim de se sintonizar com o ritmo e estabelecer contato com a pessoa. Respire suavemente, sentindo a energia de cura entre ambos.

2. Segurando a pedra com a mão direita, eleve-a acima da cabeça do cliente, mantendo a mão esquerda sobre o ombro esquerdo. A pedra, juntamente com sua energia de cura, permitirá que a energia espiritual interior e natural do cliente amplie-se dentro do espaço de sua própria aura. Deixe sua mão subir e descer à medida que for sentindo até onde a energia espiritual conseguirá se expandir neste momento.

3. Permaneça de pé junto ao ombro direito do paciente, segurando a pedra com a mão direita diante da testa dele, na posição do terceiro olho, a outra mão à mesma distância, na altura da nuca. Nestes dois centros, não pegue a pedra com a outra mão.

No próximo estágio, você terá de passar a pedra de uma mão para outra.

4. Mantenha a pedra na altura do pescoço da pessoa, a outra mão a igual distância, na altura da nuca, deixando que suas mãos se movimentem livremente. Faça uma pausa. Passe a pedra para a outra mão.

5. Segure a pedra na altura da nuca da pessoa, mantendo a outra mão à mesma distância, na parte dianteira do pescoço. Faça uma pausa.

6. Coloque a pedra nas costas da pessoa, na altura do centro energético do coração, a outra mão diante desse centro, à mesma distância. Faça uma pausa. Passe a pedra para a outra mão.

7. Coloque a pedra diante do centro energético do coração da pessoa, a outra mão à mesma distância, na região posterior desse centro. Faça uma pausa.

8. Segure a pedra diante do centro solar da pessoa, a outra à mesma distância, na região posterior ao centro solar. Faça uma pausa. Passe a pedra para a outra mão.

9. Coloque a pedra nas costas do paciente, na altura do centro solar, e a outra mão à mesma distância, na região dianteira do centro. Faça uma pausa.

10. Coloque a pedra na altura da base da coluna, o centro criativo; a outra mão à mesma distância, diante do centro criativo. Faça uma pausa. Passe a pedra para a outra mão.

11. Coloque a pedra diante do centro criativo, a outra mão à mesma distância, na base da coluna. Faça uma pausa.

12. Fique de pé atrás da pessoa. Pegue a pedra com a mão esquerda e leve-a à têmpora esquerda da pessoa. Faça uma pausa. Pegue a pedra com a mão direita e leve-a à têmpora direita da pessoa, mantendo a outra mão à mesma distância, ao lado direito. Faça uma pausa.

13. Coloque a pedra no lado direito do pescoço da pessoa, a outra mão à mesma distância, no lado esquerdo. Faça uma pausa. Pegue a pedra com a mão esquerda, a outra mão à mesma distância, no lado direito da pessoa. Faça uma pausa.

14. Coloque a pedra à altura do centro do coração, à esquerda da pessoa, mantendo sua mão direita à mesma distância. Faça uma pausa. Passe a pedra para a mão direita, mantendo a mão esquerda à mesma distância, no lado esquerdo da pessoa. Faça uma pausa.

15. Coloque a pedra no lado direito da pessoa, diante do centro solar, mantendo a outra mão à mesma distância, à esquerda da pessoa. Faça uma pausa. Passe a pedra para a mão esquerda, mantendo a mão direita à mesma distância, no lado direito da pessoa. Faça uma pausa.

16. Coloque a pedra diante do centro criativo da pessoa, no lado esquerdo, mantendo a mão direita à mesma distância, no lado direito. Passe a pedra para a mão direita, mantendo a outra mão à mesma distância, no lado esquerdo da pessoa.

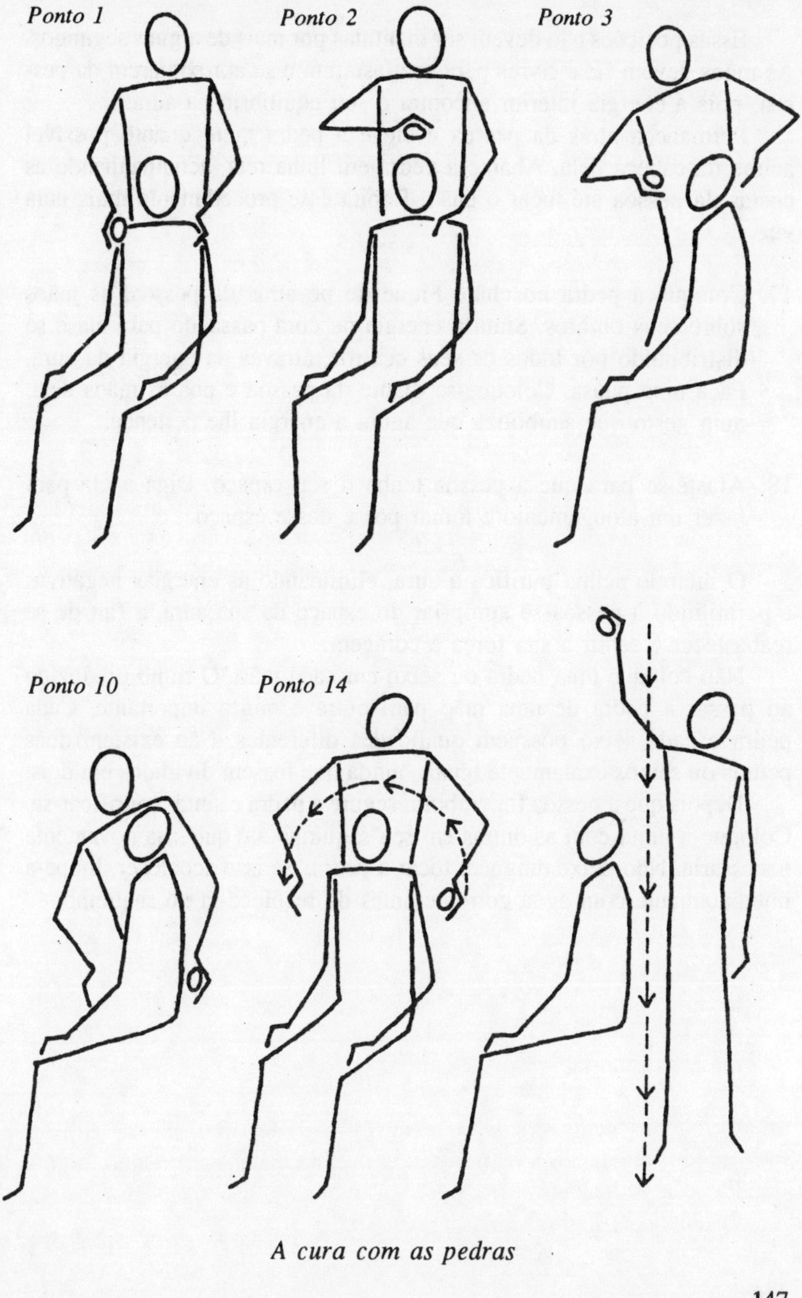

A cura com as pedras

Essas posições não devem ser mantidas por mais de alguns segundos. As mãos devem ficar livres para se afastarem e se aproximarem da pessoa, pois a energia interior encontra o seu equilíbrio na aura.

Permaneça atrás da pessoa e eleve a pedra tanto quanto possível acima da cabeça dela. Abaixe a pedra em linha reta, acompanhando as costas da pessoa até tocar o chão. Repita esse procedimento mais uma vez.

17. Coloque a pedra no chão. Fique de pé atrás da pessoa, as mãos sobre seus ombros. Sinta a energia de cura passando para ela e se distribuindo por todos os seus centros, através da energia da aura. Faça uma pausa. Coloque-se diante da pessoa e una as mãos dela, num gesto que simboliza que agora a energia lhe pertence.

18. Afaste-se para que a pessoa tenha o seu espaço. Diga a ela para fazer um alongamento e tomar posse desse espaço.

O método acima purifica a aura, eliminando as energias negativas e permitindo à pessoa se apropriar do espaço da sua aura, a fim de se reabastecer e sentir a sua força e coragem.

Não coloque uma pedra ou seixo em cada mão. O ritmo produzido ao passar a pedra de uma mão para outra é muito importante. Cada pedra e cada seixo possuem qualidades diferentes. Não existem duas pedras ou seixos exatamente iguais, ainda que fossem divididos em dois.

Depois que a pessoa for embora, segure a pedra e sinta-a purificar-se. Coloque-a junto com as outras em seu saquinho até que seja novamente necessária. Não deixe ninguém tocar a pedra. Se isso acontecer, limpe-a imediatamente com água corrente antes de recolocá-la no saquinho.

27
A energia da aura

A aura suscita muitas perguntas, como, por exemplo, o que ela é, o que faz, de que maneira nos influencia e por que existem tantas explicações diferentes. Pessoas com idéias e teorias diferentes têm falado e escrito a respeito da aura; algumas são capazes de visualizar a energia, outras não, algumas conseguem senti-la, e nem todas sabem o que estão vendo ou sentindo. Nem todas associaram suas crenças ao seu próprio conceito interior da verdade. Elas não questionam, tomando como verdade aquilo que ouvem ou lêem, sem jamais estudar o assunto a partir de suas próprias experiências, para assim encontrarem sua verdade naquilo que sentem. A mera repetição de idéias e teorias, como se fossem verdades, por muitas décadas não produz uma verdade. Muitas pessoas que conseguem visualizar parte da aura duvidam de sua própria aptidão, por não ser compatível com o que alguma suposta autoridade disse ou escreveu.

A aura é nosso registro da vida na Terra, nossa energia espiritual e nossa ligação com nossa alma (ver página 32). O registro da aura se reúne, juntamente com nosso espírito, à nossa alma por ocasião da morte do nosso corpo físico. A maior parte das pessoas não consegue visualizar a aura na sua totalidade. Às vezes, vêem parte dela, ou não conseguem visualizar nada. Não têm necessariamente uma explicação para isto, mas se comunicam como se estivessem vendo toda a aura. Certas pessoas que conseguem ver as cores não sabem ao certo que camada da aura estão vendo.

As pessoas percebem a energia da aura de diferentes maneiras. É possível sentir a energia através das mãos, ou sentir, nos nossos centros, a energia de outra pessoa. Em geral, as pessoas "sentem" a aura, mas não a "vêem".

Todas as criaturas utilizam naturalmente a energia da aura para sentir quem lhes transmite harmonia e quem acarreta perturbações. É o instinto de sobrevivência fundamental, comum a todos nós. Quando conhecemos uma pessoa com quem nos sentimos inquietos, embora ela possa ser fisicamente atraente ou elogiada por outras, a energia da nossa aura estabeleceu contato com a dela, alertando-nos para a necessidade de ficarmos atentos ou nos aproximarmos mais, se a sensação for de compatibilidade. Essa sensação pode mudar num encontro posterior, se a energia dessa pessoa, ou a nossa, sofrer alguma modificação. A incompatibilidade pode ser temporária; num segundo encontro, poderemos perceber que a inquietação permanece. Seja cauteloso ao lidar com ela. Isso não significa necessariamente que ela é incompatível com as outras pessoas, ou mesmo que é uma pessoa desagradável. Se no primeiro contato houver uma sensação de bem-estar que se perpetua em outro encontro, a pessoa é compatível. Nossa primeira reação é a de que podemos confiar nela. Todos nos inclinamos a julgar segundo as aparências, ou segundo informações que nos foram transmitidas anteriormente, permitindo que estes elementos influenciem a sensação mais sutil e desconhecida da aura.

Se alguém tem um membro amputado, nossos olhos físicos não verão fisicamente o membro; entretanto, a aura dessa pessoa ainda apresenta o registro do membro. Muito tempo depois da amputação, ela continuará sentindo a presença física do membro. A energia da aura não pode ser amputada. Ela registrou um membro e continuará a fazê-lo durante muito tempo. Finalmente, a energia da aura se tornará mais tênue nessa área, mas nunca desaparecerá por completo. Se uma pessoa nasce sem um membro, a aura não indicará onde deveria estar o membro ausente.

A energia da aura pode apresentar uma coloração forte ou clara, mas não pode desaparecer, ser "bloqueada" ou ter buracos. Ela é completa e auto-suficiente. As auras são diferentes umas das outras. Durante a vida, as pessoas possuem um campo áurico dentro e em torno de seu corpo físico. Quando morrem, a aura abandona o corpo físico e passa a pertencer ao espírito, e a segui-lo. A segunda camada branca/prateada, que é a energia física, demora a desaparecer quando o corpo físico perece, o que acontece depois de algumas horas.

As sete camadas

A aura tem sete camadas de energia de várias cores que vibram e se movem. Ela registra nas suas várias camadas tudo o que fazemos, nossos sonhos e esperanças, nosso potencial, nossa saúde, nossas fraquezas e nosso vigor; as pessoas que conhecemos no passado e atualmente, os lugares onde vivemos e nossas realizações. Regularmente, ela realiza a autopurificação e elimina as energias desnecessárias, mas os registros continuam intactos. Quando estremecemos ou nos sacudimos involuntariamente, estamos eliminando as substâncias indesejáveis de nossa aura, como fazem os animais quando deixam a companhia dos seres humanos.

Se o espírito abandona o nosso corpo durante o sono, uma parte da aura o acompanha nas suas viagens. O brilho branco/prateado, que corresponde à segunda camada, é eletromagnético e produzido pela energia do corpo físico. Essa camada está sempre junto ao corpo vivo, esteja o espírito presente ou distante. A região das cores centrais, que é a primeira camada e se relaciona com nossa energia orgânica interna, também permanece com o corpo vivo, mas suas cores parecerão mais fracas. Essas cores são parte do espírito, mas também são fundamentais para o bem-estar do corpo, e portanto continuam a refletir nossa saúde e bem-estar, enquanto todas as outras cores permanecerão com o espírito, aonde quer que este vá. Se o espírito estiver longe do corpo e acontecer alguma coisa ou houver alguma aproximação, seja de uma energia, de um ruído ou de um toque, as energias imediatamente informarão o espírito, para que este retorne e proteja sua existência física.

Se estivermos com pouca energia física, a segunda camada parecerá escura. Se dispusermos de muita energia, essa camada brilhará. Nossa energia física, indicada pela segunda camada branca/prateada, assemelha-se a uma bateria. Aumenta com o uso, mas torna-se lenta e opaca devido à falta de atividade, mental ou física. A pessoa que está sempre descansando não está conservando nem produzindo energia. Quanto mais parados ficamos, mental ou fisicamente, mais difícil se torna pensar ou agir, quando estamos prontos para fazê-lo.

Às vezes, a aura necessita de uma injeção de energia. Esse esgotamento pode ser causado pelas doenças, pela tensão, pelas companhias que não nos convêm e/ou pelo meio ambiente. Um agente da cura é capaz de fornecer a energia necessária, dando à pessoa o que ela precisa para começar a produzir sua própria energia e curar a si mesma.

A aura completa possui a mesma intensidade, extensão e profundidade em torno do nosso corpo físico. É vista como uma forma oval ou de uma chama, com um corpo no centro. Duas pessoas de pé lado a lado sentirão a diferença energética. Quando se afastam, naturalmente purificam qualquer intercâmbio de energia que possa ter ocorrido. Se permanecemos próximos ou na companhia de pessoas deprimidas, enraivecidas, assustadas ou nervosas, depois de algum tempo poderemos atrair o padrão energético da sua camada físico-elétrica para a nossa. A energia será atraída para a nossa energia eletromagnética, e poderá influenciar nosso bem-estar e nossa personalidade. Se nos afastarmos dessa pessoa e purificarmos nossa aura, eliminaremos a influência; por outro lado, se nos aproximarmos novamente dela, aumentaremos a influência. Trata-se da atração física no nível energético.

A primeira camada da aura se localiza mais interiormente e é muito colorida. Costuma ser confundida com a segunda camada, por meio da qual ela cintila, parecendo estar localizada exteriormente.

A primeira camada possui as mesmas cores, além de cores superpostas, em todos nós. Cada cor se origina a partir do seu centro e lá permanece, mas também é representada em todos os outros centros, pois vibra através deles e retorna a seu próprio espaço. A cor de cada centro muda de tonalidade de acordo com o bem-estar (físico e espiritual) de uma pessoa.

Esses centros reagem às energias de vários sons, das pedras, do quartzo, dos metais, das formas, da energia dos números, das emoções, do meio ambiente, dos planetas e das pessoas.

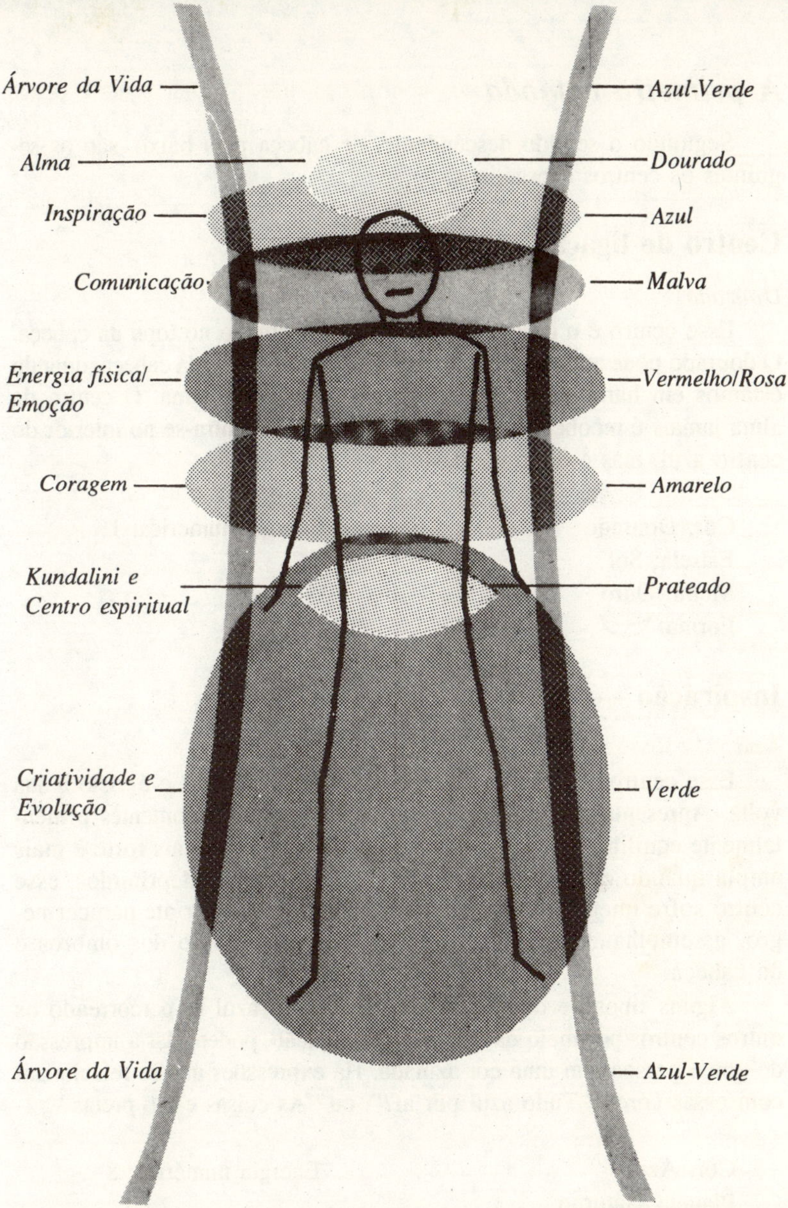

Os diferentes centros e cores da aura

A primeira camada

Seguindo o sentido descendente, de cabeça para baixo, são os seguintes os centros energéticos:

Centro de ligação com a alma

Dourado

Esse centro é o da ligação com a alma, situado no topo da cabeça. O dourado pode aumentar até brilhar acima e em torno da cabeça, quando estamos em harmonia ou em contato com a nossa alma. O centro da alma jamais é recoberto pelos outros centros. Encontra-se no interior do centro azul, mas é diferente deste.

Cor: Dourado — Energia numérica: 1
Estrela: Sol
Metal: Ouro
Forma: 

Inspiração — centro da cabeça

Azul

Esse centro se situa na metade superior da cabeça, e é visto à sua volta. Apresenta um tom azul forte quando estamos contentes e mentalmente equilibrados. Sua coloração pode se tornar mais forte e mais ampla quando estamos inspirados. Quando estamos deprimidos, esse centro sofre imediatamente os efeitos. Pode escurecer até parecer negro, assemelhando-se a uma nuvem escura em torno dos ombros e da cabeça.

Alguns tipos de depressão enfraquecem o azul e, percorrendo os outros centros por meio da sua linha de ligação, podem dar a impressão de que a pessoa tem uma cor azulada. Há expressões que se relacionam com essas cores: "Tudo azul por aí?", ou "As coisas estão pretas"...

Cor: Azul — Energia numérica: 8
Planeta: Saturno
Quartzo: Safira
Forma: 

Comunicação — centro da garganta

Malva

Esse centro concentra-se em torno da região inferior da cabeça, incluindo as orelhas, a boca e o pescoço. A cor malva assume uma tonalidade forte, conquanto não brilhante, quando conseguimos nos comunicar com as pessoas e com nós mesmos. Se estivermos em contato com o nosso espírito e com a nossa alma, ele se torna roxo. A tonalidade também fica mais viva quando estamos falando com emoção ou com convicção. Se formos incapazes de nos comunicar, a cor pode ficar escura e a garganta apertada, ou pode ficar muito clara, conferindo-nos um brilho geral de frieza que não incentiva as pessoas a se comunicarem conosco.

Cor: Malva — Energia numérica: 7
Planeta: Mercúrio
Quartzo: Ametista
Forma: 

Emoção e físico — centro cardíaco

Rosa/Vermelho

Essas cores circundam o centro do coração e podem ser vistas a partir da parte superior dos ombros, descendo até a parte média das costelas, incluindo mãos e braços. A energia é influenciada pelos padrões físicos e emocionais.

Rosa

É a cor da emoção. Assume uma tonalidade forte quando estamos em harmonia e somos queridos, amados ou quando estamos amando, e irradia o rosa à nossa volta. Quando não nos sentimos amados e nos achamos incapazes de amar, o rosa se torna mais pálido, nós parecemos apáticos e não atraímos as pessoas como gostaríamos. Os braços podem perder o vigor quando não há o contato afetuoso.

Vermelho

Essa é a cor da energia física. A pessoa muito ativa e determinada irradiará um brilho avermelhado. Essa energia física também se relaciona com o ódio e com o ressentimento. A energia do vermelho pode aflorar como ódio quando nos zangamos. Costumamos dizer: "Estou vermelho de raiva" quando ficamos enfurecidos. O corpo pode assumir uma coloração vermelho-viva em torno do pescoço e das orelhas, com a intensificação da energia. As emoções de amor e ódio são os extremos desse centro duplo, e uma pode ofuscar a outra, ou transformar-se na outra muito facilmente, com a combinação e inter-relação das energias.

	Emoção	*Físico*
Cores:	Rosa	Vermelho
Planetas:	Plutão	Marte
Quartzo:	Rosa	Rubi
Forma:	╳	□

E combinam-se da seguinte maneira: ⊠

Energia numérica:	5	4

Coragem e segurança — centros solares

Amarelo

O centro da coragem situa-se na área que também é chamada de solar, na região média das costelas, estendendo-se até a parte superior dos quadris. Esse centro é visto como um círculo interno, num tom amarelo forte, e um círculo externo, amarelo mais claro. É o centro da segurança e da coragem. Quando nos sentimos seguros de nossos padrões de vida, ele brilha como o Sol, e nós nos sentimos altivos e destemidos.

Entretanto, se nos sentimos inseguros e amedrontados, o amarelo sofre uma modificação. A insegurança faz com que a cor se torne opaca e tênue. O medo ou o pavor podem tornar a cor mais viva, e pareceremos amarelos, pois essa cor permeia todos os nossos centros. Tais sentimentos afetam o estômago, os rins, o fígado, a bexiga e os intestinos. Esse centro está sempre sentindo as outras pessoas e todas as energias externas, e reflete nossa força de vontade interna e externa. Costumamos dizer que uma pessoa que se acovarda "fica amarela".

Cor: Amarelo — Energia numérica: 2
Planeta: Júpiter
Resina: Âmbar/
círculo interno

Quartzo: Topázio amarelo/
círculo externo

Forma: ◎

Criatividade e evolução — centro criativo

Verde

Esse centro situa-se na parte inferior do corpo, desde as costelas até abaixo dos pés. Sua cor é o verde-escuro e, quando somos criativos de alguma maneira, nos desenvolvendo em nosso próprio ritmo ao longo da vida, estamos em harmonia. Se, entretanto, somos invejosos ou ciumentos, o verde pode ficar mais escuro, e poderemos sentir dor nessa área. Se nos sentimos incapazes de fazer progressos, por alguma razão, nossas pernas podem ficar fracas. Quando nos entregamos a essas emoções, irradiamos uma coloração verde-pálida. As expressões "verde de inveja" ou "verde de ciúme" traduzem essas situações.

Cor: Verde — Energia numérica: 3

Planeta: Vênus

Quartzo: Esmeralda

Forma: ▽

Árvore da Vida — centro nervoso

Verde-escuro/azul

Esse centro situa-se no cerne do nosso corpo físico, iniciando-se acima da cabeça e terminando debaixo dos pés. A partir desse centro, a energia sutil em forma de samambaia, cujas extremidades são prateadas, irradia-se e permeia todos os outros centros. Ela é afetada pelo nosso bem-estar físico e emocional. Se estamos nervosos por alguma razão, ou se sofremos de uma doença nervosa, a conexão com esse centro energético é enfraquecida. Cada centro se fundamenta na energia dessa árvore da vida, e todos os centros alimentam e influenciam uns aos outros por meio da árvore. Essa energia nos faz estremecer e vibrar, faz com que fiquemos imóveis ou fujamos apavorados quando ficamos nervosos. Pode tornar-se tão fraca que sofremos um colapso nervoso geral, pois ela se torna incapaz de energizar todos os outros centros.

Cor: Verde/azul — Energia numérica: 10
Planetas: Urano/Netuno
Pedras: Jade/Turquesa
Forma:)(

Centro espiritual

Prateado/branco

Esse centro também é chamado de Kundalini. Trata-se da base de energia com a qual o nosso espírito estabelece contato, a fim de se reabastecer e se relacionar com todos os outros centros. Localiza-se na base da espinha e, assim como o centro da alma, é auto-suficiente, pois não se superpõe aos outros centros, embora esteja próximo do centro da criação. Este é um centro igual aos outros. Costuma-se dizer que esse centro não deve ser ativado, sintonizado nem usado de nenhuma maneira, exceto se algum perito nos iniciar com cuidado e ponderação, o que poderá levar anos, segundo se diz. Contudo, é impossível não ter centros ativos. Todos se relacionam uns com os outros, se influenciam mutuamente, independentemente de alguma ação intencional nossa. Negar a esse centro seu lugar de direito na nossa árvore da vida é o mesmo que pedir a uma planta forte e saudável para crescer e se expandir sem as suas raízes, ou então esperar que uma máquina funcione sem a eletricidade. Precisamos ativar e ampliar as nossas energias. Ignorar um centro energético é deixá-lo sem alimento.

Todos os nossos centros atuam em todos os momentos. O medo é o nosso maior inimigo; pode nos ser transmitido pelas outras pessoas e/ou podemos criá-lo e alimentá-lo. Podemos eliminar o medo com a reflexão e o questionamento, alcançando a compreensão de nós mesmos. Quando contemos a nossa apreensão, nós nos tornamos conscientes e estabelecemos contato com a nossa força. Como já foi dito, nosso espírito é a nossa força vital durante a permanência na Terra. Nossa alma é o nosso verdadeiro ser, e está sempre em contato com nosso espírito, por meio do centro de nossa alma. Nem todos nós cuidamos das nossas necessidades espirituais, nem reconhecemos o nosso ser interior. Se buscamos o conhecimento, podemos encontrar um caminho através do nosso medo. Seja bastante cuidadoso, e verifique todas as informações recebidas, para não aceitar de imediato idéias obsoletas, ultrapassadas e não-comprovadas, as quais sufocam e reprimem a grandeza humana; examine e confira as informações, não se deixe persuadir por mistificadores que afirmam ser perigoso o conhecimento desse centro, ou que ele se destina tão-somente a uns poucos eleitos, que deve ser ativado por determinada pessoa, e assim por diante.

Cor: Branco/prateado Energia numérica: 9
Planeta: Lua
Pedra: Pedra lunar
Forma: 

Halo

Multicolorido

Uma faixa de luz circunda a cabeça, reunindo as cores de todos os centros, semelhando o efeito de um arco-íris. Ela não apresenta uma relação específica, pois constitui o reflexo das cores de todos os centros no cérebro, que controla os órgãos e as ações do corpo físico. Quando estamos em sintonia com a vida, em paz com o nosso espírito e com a nossa alma, estamos em harmonia, e essa faixa cintila. Às vezes, ela é chamada de halo. Como ela é, na verdade, um reflexo de todos os centros de energia no cérebro, não constitui um verdadeiro centro.

Cores sobrepostas

As cores sobrepostas estão entre os centros:

- azul e malva;
- malva, rosa e vermelho;
- rosa, vermelho e amarelo;
- amarelo e verde.

1. Quando estamos inspirados e conseguimos estabelecer a comunicação interior e exterior, a sobreposição de azul e malva se torna mais forte. Se estamos deprimidos, a sobreposição fica mais escura ou mais clara, a comunicação fica difícil e a cor sobreposta pode escurecer a ponto de se tornar praticamente preta.

2. Quando estamos cheios de energia e emocionalmente estáveis, a sobreposição de malva, rosa e vermelho fica brilhante, vibrante. Nós nos comunicamos por meio dessa energia, por palavras ou atos. Quando estamos emocionalmente infelizes, falamos demais ou ficamos mudos e retraídos. Quando sentimos raiva, o vermelho se associa ao malva, provocando palpitações na cabeça e no coração, e parecemos oprimidos. Gritamos e esbravejamos, ou ficamos nos remoendo e nos tornamos ameaçadores.

3. Quando nos sentimos seguros e destemidos, a sobreposição do amarelo com o vermelho e o rosa assume a coloração rosa-dourado vivo. Se estivermos emocionalmente perturbados e apreensivos, essa faixa parecerá laranja. Pessoas hiperativas podem ser violentas, devido à sobreposição do medo, da instabilidade emocional e do ressentimento. Todos os objetos de cor laranja devem ser afastados para que a aura dessas pessoas possa recuperar o equilíbrio.

4. Quando agimos com criatividade e nos desenvolvemos regularmente, a sobreposição de verde e amarelo é brilhante e forte, semelhando a coloração de grama nova. Quando sentimos ciúme, inveja ou medo de viver e de fazer progressos, a sobreposição se torna verde-amarelada fosca.

   Pessoas famosas, como políticos, oradores, pregadores, atores, cantores etc. podem ativar a energia de todos os seus centros quando estão trabalhando. Podem se sentir inspiradas, criativas, emocionadas, poderosas e comunicativas. Isso as torna atraentes e carismáticas; elas brilham. Podem atrair muitos seguidores, apesar de serem duvidosas as suas atividades ou crenças.

A segunda camada

A segunda camada da aura é a energia física eletromagnética, que irradia uma luminosidade branca, próxima à pele do corpo. A primeira camada, já citada, reluz através dessa segunda camada, e pode refletir suas cores nela.

Todas as coisas vivas possuem esse brilho que as envolve, seja a água, as montanhas, os seres humanos, as criaturas da terra, do mar e do ar, as plantas, as pedras ou os cristais. Todas as formas de vida vibram e produzem energia eletromagnética.

Em relação aos seres humanos, a segunda camada é uma indicação de harmonia de nossa energia física. Quando estamos ouvindo atentamente, falando, gesticulando, movendo a cabeça, os ombros ou os braços, a energia se intensifica em torno da parte superior do corpo. Se estamos correndo, andando ou usando fisicamente a parte inferior do nosso corpo, a energia brilha nesta área. Quando estamos imóveis, ela parece menos brilhante.

Essa camada é magnética. Retira da aura todas as energias que não lhe são próprias. Por exemplo: se uma pessoa equilibrada passa um bom tempo com outra pessoa infeliz, transtornada, apreensiva ou que trabalha contra o bem-estar alheio, ou observa e ouve essa pessoa, pouco a pouco ela poderá atrair e receber essas vibrações. O tipo de energia será atraído, por meio da aura, para essa segunda camada, onde irá se estabelecer e afetar a harmonia e personalidade dessa pessoa. Sacudir o corpo remove grande parte dessa energia indesejável, e a limpeza da aura elimina o restante.

Uma completa mudança de personalidade pode ocorrer quando esses padrões energéticos se instalam. Essa segunda camada promove naturalmente a eliminação dos padrões energéticos indesejáveis, fazendo-nos estremecer ou sacudir o corpo.

Sempre que uma pessoa estremece ou sacode o corpo sem razão aparente, é muito provável que a sua aura esteja afastando vibrações indesejáveis. Se outra pessoa estiver irradiando energias negativas e formas de pensamento intensas, essa camada da aura as atrairá para eliminá-las, contanto que o beneficiário permita que esse processo ocorra. Podemos nos tornar apreensivos quando sentimos que não estamos em sintonia, ou quando acreditamos que as outras pessoas podem nos fazer mal, por meio da energia dos pensamentos, e não vemos saída para nós. Dessa maneira, nós nos agarramos à energia recebida, em vez de liberá-la com uma boa sacudidela, não nos deixando influenciar. A ação física elimina energias indesejáveis.

Ninguém pode ser prejudicado por outra pessoa, que emite energia ou formas de pensamento, se recusar essa energia. O nosso medo e o nosso desconhecimento permitem que essa energia se fixe como cola e nos afete. Uma boa caminhada, um banho, nadar ou qualquer movimento físico mais vigoroso clareia a mente e a aura e ajuda a eliminar ou repelir a energia indesejável que foi atraída ou transmitida.

Outras camadas

As outras camadas de energia da aura registram tudo o que fizemos, o que estamos fazendo ou o que temos capacidade de fazer. Registram também todas as pessoas que conhecemos e os lugares que visitamos, tudo o que acontece conosco e à nossa volta.

A aura é um registro codificado na forma de cor. Ela não gera imagens, mas um médium pode captar vibrações das camadas da aura de outra pessoa e senti-las ou vê-las na forma de palavras ou de imagens. A maneira como o médium traduz a informação é de grande importância, pois o que ele vê ou sente pode ser lido de diferentes maneiras, e exige uma apresentação cuidadosa. A informação recebida pode ajudar as pessoas a curar a si mesmas e a se desenvolver no seu caminho. Freqüentemente, a informação é simbólica, bem como concreta.

Essas camadas são sempre diferentes para cada pessoa. Não podemos ter os mesmos registros, por mais próximos que estejamos. Todas as cores são representadas por meio da aura, e podem ser interpretadas de acordo com o local onde são sentidas ou vistas.

Por exemplo:

Laranja: como uma sobreposição na primeira camada, é sinal de medo e de distúrbio emocional. O laranja, visto em outras camadas, pode significar jovialidade e integração.

Azul: em vários tons, além do centro da inspiração, também se relaciona com a honestidade e com a harmonia exterior. O azul também é usado para a cura dos ossos.

Verde: relaciona-se com a harmonia, com a sintonia e com o amor à vida e à natureza, bem como com a criatividade e com o desenvolvimento.

Rosa: é usado na cura de ferimentos na pele e também indica interesse pelos animais, além de ser a cor das emoções.

A análise da profundidade e da variedade das cores da aura evidentemente depende da capacidade de visualização do médium. Os médiuns sentem em níveis diferentes, e alguns não conseguem "ver" as cores.

Não é fácil descrever as cores da aura para pessoas que não conseguem vê-las, pois toda a estrutura está sempre em movimento e mudando. Conquanto que a camada mais interior e a segunda camada eletromagnética mantenham a mesma cor, elas também podem apresentar variação em termos de tonalidade e de amplitude. As cores não são opacas, são translúcidas.

Todas as auras são diferentes, porque as pessoas são diferentes. Sempre reagimos aos padrões energéticos que nos cercam, independentemente das causas que lhes dão origem mas não temos de nos apegar a eles.

Todas as cores estão representadas na aura, e nenhuma cor é melhor ou pior do que outra. A intensidade da cor indica o equilíbrio de uma pessoa. Cor é energia, e a energia não é boa nem má. Os seres humanos influenciam a energia e causam desequilíbrios.

Certas cores da aura podem parecer desfavoráveis, se forem interpretadas segundo nossas idéias preconcebidas. Por exemplo, o preto em geral é interpretado como alguma coisa má ou negativa, quando, na realidade, o preto é uma energia importante. Por exemplo, é a cor do ser interior, das coisas desconhecidas e profundas. Desde a infância, aprendemos que o preto é o mal e o branco o bem. Esse conceito se tornou parte do nosso subconsciente, influenciando a visão que temos das pessoas. Quando uma cor da aura interior é obscurecida pela intensidade, parecendo negra, a pessoa precisa de ajuda. Se se observa o preto na aura exterior, isso significa que a pessoa está buscando o seu ser interior, a fim de obter lucidez e conhecimento. O branco é o ser exterior, aquilo que é visível.

Quando uma pessoa, seja adulta ou uma criança, sofre um choque ou se sente insegura, é comum ela usar preto ou se retratar em preto — sinal de que está refletindo sobre si mesma, em busca do consolo e do amor do seu espírito, o que não pode encontrar fora de si mesma. As pessoas usam essa cor ou se pintam com ela a fim de simbolizar esse processo.

Quando o mundo exterior e visível não parece estar proporcionando bem-estar ou compreensão, naturalmente buscamos a escuridão e o bem-estar do nosso ser interior, na tentativa de encontrar respostas que nos permitam enxergar com clareza o nosso caminho na vida exterior. Por isso, tantas pessoas usam preto, porque estão perdidas e procuram segurança. Quando se sentem seguras e mais corajosas, trarão aos poucos as cores para a sua vida exterior.

Se uma pessoa é forçada a se vestir, a se pintar ou a desenhar usando cores fortes, antes que seja naturalmente capaz de fazê-lo, ela se tornará mais retraída. Exibindo sua "escuridão", ela libera o desespero, encontra ajuda e acaba se tornando capaz de se desenvolver segundo o ritmo natural.

O cinza é uma cor que associamos com a melancolia, com a tristeza e com o desgosto. Quando é visto na aura, pode significar a necessidade de tranqüilidade e paz. Se for visto em torno dos ombros e com manchas rosa, é sinal de que a pessoa está sendo amada ou está amando de maneira equilibrada e prazerosa.

O marrom-avermelhado, visto na região inferior do corpo, indica que a pessoa está em contato com a vida, e se apóia em bases sólidas. Visto em torno da cabeça, mostra que a pessoa perdeu o contato com a vida física, e está buscando inspiração.

Quando um agente da cura está trabalhando com alguém, a sua aura pode se tornar mais colorida e brilhante, em razão da energia que está circulando através dele e que está sendo transmitida para a pessoa necessitada. Não é a energia da outra pessoa, mas a energia que o agente da cura irradia para esta pessoa.

Parte IV

Cerimônias

Cerimônias

Ao longo dos séculos, a espécie humana criou inúmeros rituais e cerimônias para valorizar determinadas ocasiões e as tornar memoráveis. Algumas dessas celebrações constituíam relatos, e proporcionavam harmonia, alegria e compreensão para todos. A combinação de energias na presença de amigos e pessoas queridas confere significado à nossa existência como seres físicos, conjugando as energias do espírito e da alma e a nossa vida terrestre. As cerimônias descritas a seguir incorporam os quatro elementos do modo como eram conhecidos então, considerados fundamentais para a saúde e a felicidade: o ar, o fogo, a água e a terra. Podemos fazer uso dessas cerimônias, com pequenas adaptações, nos dias de hoje.

28
A cerimônia da união

A cerimônia da união é realizada quando duas pessoas assumem a decisão de viver como um casal, e querem que todas as pessoas queridas tomem conhecimento dessa decisão e participem da celebração. Essa cerimônia permite que as energias de todas as pessoas presentes beneficiem o momento, e constitui uma oportunidade para cada pessoa realizar os seus sonhos e aspirações. A combinação energética nessas ocasiões é muito comovente, tanto emocional como espiritualmente, além de ser muito agradável.

Elementos necessários:

1. *uma arcada* de madeira, com cerca de dois metros e meio de altura no centro, coberta de flores, de ramos e de ervas, fincada na terra, nas proximidades da água e ao ar livre; o casal irá sentar-se ali;
2. *seis velas ou lâmpadas* colocadas na terra a espaços iguais, formando um círculo em torno da arcada;
3. *flores* colocadas entre as velas, na terra e em forma de arco;
4. *cestas com pétalas de flores e com ervas;*

5. *cadeiras* para duas pessoas sob a arcada; para três oradores e para um coordenador, de ambos os lados da arcada; e para os convidados, de frente para a arcada e no interior do círculo, deixando espaço entre essas cadeiras e a arcada;
6. *música ou músicos* atrás da arcada;
7. um local para a festa e as danças depois da cerimônia.

Cada consorte escolhe antecipadamente três pessoas para representá-lo. Durante a cerimônia, esses amigos falam do casal e fazem recomendações um ao outro, ou tocam música, recitam, cantam e se manifestam de modo a demonstrar alegria. Eles se revezam, um de cada lado. Um coordenador é escolhido para conduzir a cerimônia, indicando com um movimento da cabeça de quem é a vez de falar, depois que ele mesmo explica o significado da cerimônia e a forma como todos os presentes fazem parte dela.

Quando tudo estiver pronto e as velas acesas, a música tem início, e os convidados formam duas fileiras, desde o círculo até a água (que pode ser água corrente ou então colocada em recipientes apropriados), de onde sai o casal; quando alcançam o corredor de convidados, crianças jogam pétalas e ervas à frente do casal. O casal percorre a fileiras de convidados que então seguem em dupla atrás do casal, formando um cortejo. As crianças se sentam diante dos convidados. O casal se senta sob a arcada, os seis oradores e o coordenador se postam de ambos os lados, e os convidados se acomodam em filas diante do casal (ver página 170).

O coordenador inicia a cerimônia, e os seis amigos se revezam nos discursos ou nas representações. O casal conta aos presentes como se conheceu e de que modo decidiu se unir. Em seguida, conversam entre si, expressando o amor e o carinho que sentem, relatando os sonhos e as esperanças quanto a um futuro comum. Trocam anéis ou presentes. As crianças e os apresentadores entretêm os convidados, no espaço existente entre eles e o casal.

Concluída a cerimônia, o casal deixa a arcada e o círculo, seguido pelas crianças, pelo coordenador, pelos quatro amigos e por todos os convidados, e vai para o local da celebração.

Os amigos restantes (com a ajuda de voluntários) apagam as velas e, se a celebração acontecer dentro de casa, limpam o local e depois se juntam aos demais.

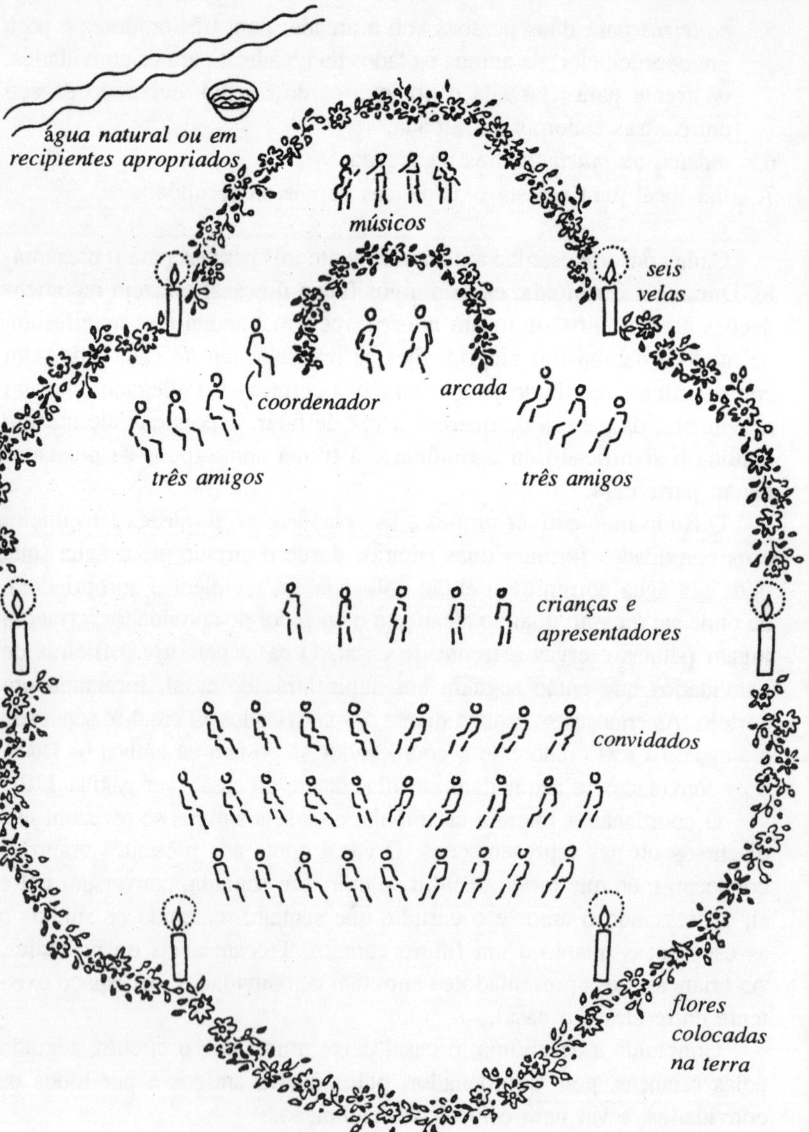

Projeto para a cerimônia

29

A cerimônia para dar o nome à criança

Conceder a uma criança a energia de um nome para ser usado ao longo desta vida é uma ocasião importante e necessária. O nome deve ser escolhido a partir do seu fluxo energético quando pronunciado em voz alta, isto é, pelo ritmo do nome todo, incluindo o sobrenome herdado dos pais.

Quando uma criança está pronta para receber o nome para sua permanência na Terra, as pessoas realizam uma cerimônia denominada Cerimônia do Nome. O mesmo cenário da Cerimônia da União é usado, incluindo os seis amigos e o coordenador. Depois de acesas as seis velas, o(s) pai(s), próximo(s) da água, caminha(m) até a arcada, levando a criança, passando pela fileira de convidados, que vão atrás, em direção a seus assentos.

O coordenador explica a cerimônia. Os seis amigos se revezam para falar do(s) pai(s) e do mundo em que a criança viverá, recebendo-a no planeta ou, se preferirem, podem recitar ou tocar uma música. O(s) pai(s) então falará(ão) ao filho, relatando suas esperanças e sonhos para o futuro. Agradece(m) à criança por escolhê-lo(s), afirmando a intenção de cuidar dela, de amá-la, acalentá-la e de ser seu guardião.

Por fim, seguram juntos a criança e, levantando-a o mais alto que puderem, em direção à lua e ao sol, dizem claramente:

Tal como ele(a) foi
Tal como ele(a) é
Eu (nós) chamarei (chamaremos) esta criança de...

Depois disso, se sentam com a criança sob a arcada, e as crianças e os artistas realizam os seus números. Finalmente, o(s) pai(s) e a criança deixam o círculo e, seguidos pelos convidados, vão para o local da celebração e dos festejos. Os amigos limpam o local e depois se juntam aos demais.

Essas duas cerimônias não são propriedade de nenhum grupo específico, mas de todas as pessoas. Elas superam os limites das diferenças de crença, de cultura, de conhecimentos e de *status*. Elas proporcionam beleza e harmonia.

30
A cerimônia da separação

Quando as energias trocadas num relacionamento se tornam destrutivas em vez de construtivas, e quando a vida a dois deixou de ser um prazer e uma alegria e passou a ser algo de que as pessoas têm medo, ou quando a energia entre os parceiros enfraquece e passa a ser apenas agradável, nada mais que isso, é chegado o momento de uma reavaliação. Se necessário, realiza-se uma Cerimônia da Separação, para afirmar que os parceiros não querem mais combinar suas energias e permitir que amigos e parentes se acostumem com o fato de que o casal decidiu se separar. A cerimônia também pode ser realizada em caso de apenas um dos parceiros querer participar.

A arcada, o fogo, a terra e o ar são usados, como já foi explicado. O casal percorre a fileira de amigos e se coloca sob a arcada, com os amigos e parentes sentados à frente. Não há oradores, mas os seis amigos, que podem recitar ou tocar música, podem estar presentes para ajudá-los. O coordenador explica o que está acontecendo.

Os parceiros agradecem os bons tempos um ao outro, desculpando-se, quando necessário, e pedindo aos amigos e parentes compreensão e generosidade para ambos, agora solteiros. Trocam um presente de despedida ou devolvem os anéis. Se apenas um dos parceiros estiver presente, ele explicará aos convidados por que não quer mais permanecer com seu parceiro.

Concluída a cerimônia, o casal deixa o círculo, um para a esquerda, o outro para a direita. São recebidos pelos amigos e parentes como solteiros, e tem início a celebração, com música e comida.

Essa cerimônia desfaz o constrangimento causado pelo desconhecimento da separação, e permite que todos compreendam. A amizade não pode ser desfeita porque duas pessoas estão se separando; os amigos precisam adaptar-se à nova situação.

31
A cerimônia da festa das luzes

Outra cerimônia antiga é a Festa das Luzes. Ela foi criada porque, no inverno, o Sol parecia estar deixando o planeta e as energias da Terra se tornavam menos intensas e constantes. Os povos temiam que o Sol não voltasse para reenergizar a Terra e, desse modo, reenergizá-los. Faziam fogueiras no alto das montanhas e nos vales, e mantinham-nas acesas durante oito dias, a fim de atrair o Sol para que este voltasse e lá ficasse.

Findo o oitavo dia, o Sol parecia ter visto a luz das fogueiras e decidia voltar. Esse acontecimento era considerado o renascimento da vida. Nas Ilhas Britânicas, esse período se estende do dia 21 de dezembro ao dia 28 de dezembro, inclusive.

Essa cerimônia tem sido adotada, conscientemente ou não, por pessoas de muitas crenças e religiões. Durante a Festa das Luzes, honramos o passado porque somos o passado, honramos o presente porque somos o presente e honramos o futuro porque somos o futuro. Não podemos culpar aqueles que nos antecederam, nem ignorar aqueles que nos sucederão. Nós somos o agora. A vida é nossa. Estamos aqui e compartilhamos cada sopro de vida, cada palavra dita por nós e cada energia dos pensamentos que liberamos. Cada um de nós está contribuindo com alguma coisa. Se não honramos a vida do planeta, não temos bases que nos permitam ver o quanto já evoluímos, individual e coletivamente, nem onde estamos, ou o quanto a nossa influência afetará o futuro.

Quando chega o dia 21 de dezembro, tem início a Festa das Luzes, e acendemos uma vela durante os oito dias; dois dias para honrar o nosso passado, quatro dias para avaliar o nosso presente e dois dias para contemplar as nossas esperanças para o futuro; o nosso individualmente e o do mundo como um todo.

32
As estações

Antigamente, quando as pessoas viviam em pequenas comunidades, elas reconheciam a força das suas energias combinadas, do seu meio ambiente, e a honravam. Representavam peças para que as estações do ano lhes fossem favoráveis, e para registrar a passagem do tempo. Isso as ajudava a compreender e a enfrentar a mudança nos seus padrões de vida: nascimento, juventude, maturidade, velhice e morte.

Determinadas pessoas eram designadas guardiãs do conhecimento e da cerimônia e reuniam todos os membros das comunidades em dias especiais para realizarem as representações sobre a vida, sobre o trabalho necessário e, por fim, para se divertirem, reverenciando, dessa maneira determinada, a essência da natureza e o folclore. Tais costumes estão sendo revividos atualmente, e o trabalho ampliado a fim de incluir a vida moderna. Algumas pessoas estão redespertando as lembranças das representações para as estações, enquanto outras exaltam a necessidade de cuidar do meio ambiente.

Primavera — Espírito da Água
Verão — Espírito do Ar

Outono	Espírito da Terra
Inverno	Espírito do Fogo

Em determinado dia da primavera, o Espírito da Água era reverenciado. Todos, do mais jovem ao mais velho, se reuniam para retirar de todos os regatos, canais, rios e águas o entulho e o lodo ali concentrados. Atualmente, poderíamos incluir a verificação e a purificação de todos os reservatórios e sistemas de abastecimento de água, além de examinar o desperdício de água nas casas e nas indústrias. Toda a água, e seus recipientes, qualquer que fosse o seu uso, poderiam ser purificados. Poderíamos também fazer uma auto-inspeção, para que nossas próprias energias da água pudessem correr clara e livremente.

No verão, dedicava-se um dia ao Espírito do Ar. Hoje, poderíamos verificar se todos os *sprays* não oferecem perigo para a camada de ozônio; se todos os aromas são agradaveis; como anda a poluição de gases e a fumaça de todas as chaminés; poderíamos verificar pessoalmente se as nossas casas estão limpas e se os odores que dela emanam são agradáveis; se o cheiro do nosso corpo é agradável, e se a nossa respiração está normal. Os níveis de radiação deveriam ser verificados. Também poderíamos examinar o nosso tipo de respiração, os nossos pulmões, purificando nossas vias respiratórias.

No outono, dedicava-se um dia ao Espírito da Terra. Todos faziam alguma coisa coletiva ou separadamente para revolver o solo e limpar todos os objetos repugnantes ou causadores de bloqueio na Terra. Nos dias de hoje, poderíamos recolher todo o lixo das ruas, dos parques ou das casas. Os que precisassem poderiam usar seu tempo para purificar a mente dos ruídos e dos medos que a estão poluindo. Revolver a terra, criar um escoamento, jardinagem, todas essas tarefas poderiam ser realizadas neste dia. Poderíamos, inclusive, vistoriar nossa saúde física em geral.

Isso nos leva ao Espírito do Fogo, que era reverenciado no inverno, recolhendo-se e armazenando lenha para as fogueiras e para a cozinha e o aquecimento, com o conserto das casas e das cercas, e verificando os locais onde o fogo era utilizado. Hoje poderíamos limpar chaminés, retirando a fuligem e os sedimentos, verificar lareiras elétricas e a gás, fogões, sistemas de aquecimento central, todos os aparelhos elétricos, extintores de incêndio e assim por diante. Poderíamos também fazer uma avaliação no sentido de descobrir se o nível da nossa energia é ou não satisfatório.

Evidentemente, todo o trabalho necessário não poderia ser concluído em um dia, mas a reunião de todas as pessoas em torno de uma causa comum por um dia cria amizades e revela habilidades desconhecidas. Também torna as pessoas mais conscientes e comprometidas com a limpeza do seu meio ambiente, reconhecendo o valor daqueles que realizam esse tipo de trabalho durante o ano. E também nos torna conscientes do nosso próprio corpo e da nossa condição.

Podemos começar aos poucos, escolhendo um feriado bancário em uma estação para fazermos tudo o que pudermos pela essência dessa estação; todos, do mais jovem ao mais velho, poderão combinar suas energias em vez de ficarem sozinhos, ou vivendo em discórdia.

Parte V

Perguntas e Respostas

Perguntas e respostas

As perguntas são a vida. Sua energia provém de quem as formula e que, inconscientemente, pode estar falando em nome de muitas outras pessoas — na verdade, a energia da comunidade pode estar por trás de cada pergunta. Algumas perguntas se repetem e são freqüentemente debatidas e respondidas por escrito. Seguem-se algumas delas.

A consciência e a memória continuam a existir depois da morte física?

A consciência pertence ao espírito; portanto, permanece com este por ocasião da morte física. Mas as lembranças da vida que acaba de deixar são cada vez menos freqüentes, à medida que o espírito se integra com sua alma. As experiências da vida física, então, se tornam parte da memória da alma, incluindo lembranças de experiências de todas as vidas físicas pregressas.

A integração da alma pode ser mantida com as lembranças dos apegos da vida física, e a lembrança dos entes queridos e deixados para trás interfere na absorção do espírito?

Uma pessoa que possui apegos físicos, seja aos bens materiais ou às pessoas, ao deixar a vida física como espírito retém a lembrança desse apego. Assim como o espírito é absorvido pela alma, também as lembranças se suavizam e assumem novos significados. As lembranças não interferem na integração da alma; entretanto, enquanto todos os últimos apegos à vida física não são esclarecidos e compreendidos, o espírito não pode ser absorvido. Nós nos encontramos e comunicamos em muitos níveis na Terra, mas quando o espírito retorna à sua alma, ele retorna à realidade e reúne-se com a verdadeira energia e memória da vida. Quaisquer apegos da vida física são pouco a pouco suavizados na vida da alma. As necessidades e emoções do corpo físico desaparecem à medida que a alma absorve as lembranças com as quais o espírito retornou. O amor deixa de ser obsessivo ou possessivo. A lembrança do apego à Terra atenua-se e todas as recordações tornam-se parte da experiência global.

A alma escolhe os novos parceiros na Terra antes de iniciarmos uma nova experiência de vida?

Essa escolha prévia é muito rara. A escolha antecipada dos parceiros não é comum. Necessitamos de um parceiro que seja uma extensão e/ou o oposto de nós mesmos durante a nossa existência como seres físicos e espirituais. Todas as pessoas crescem, mudam e também se desenvolvem espiritualmente durante uma vida. Cada energia espiritual provém de uma alma diferente, e as almas existem em muitos níveis de evolução. As pessoas se sentem fisicamente atraídas por outras por razões variadas, incluindo razões sexuais, emocionais, visuais e espirituais. Nós modificamos a nossa energia quando temos um relacionamento com alguém. A escolha de um parceiro antes do nascimento equivale a pressupor que alcançaremos física e espiritualmente um determinado ponto, no que tange à energia, ao mesmo tempo, não importa o que aconteça na nossa vida, o que significaria que seríamos totalmente programados antecipadamente. Isso exclui a escolha, fundamental para o crescimento em todos os níveis.

O espírito sabe do que necessita na Terra, e se esforça por alcançar, no corpo físico, uma posição na qual possa vivenciar, física e espiritualmente, o aprendizado em todos os níveis, de maneira a beneficiar a si próprio, as outras pessoas e o planeta. Às vezes, atraímos certas pessoas e nos sentimos atraídos por elas. Trata-se de uma escolha terrestre, que se torna parte da nossa experiência.

Os pais escolhem a energia da alma de seus filhos, ou a alma escolhe os pais? Por que são feitas as escolhas?

A escolha cabe à alma. Quando ela está pronta para experimentar a vida física na Terra, através de sua energia espiritual, ela toma consciência da possibilidade de determinadas conexões físicas e do tipo de vida que sua energia espiritual mais gostaria de experimentar nos primeiros sete anos. As almas conheceriam a situação das pessoas que escolhem e seu provável planejamento. Quando a criança torna-se capaz de raciocinar, o espírito procurará perceber incessantemente a melhor maneira de se expandir. Nós não somos programados para viver por antecipação. Se eliminarmos da nossa existência a escolha estaremos eliminando o crescimento. O dia em que nascemos dá início à nossa experiência nesta vida. A alma recebe informações de sua energia espiritual, mas não pode interferir diretamente. A herança física dos pais faz parte da vida física do novo filho, e a energia espiritual no interior da criança tentará então absorver essa herança, a fim de evoluir e fazer suas escolhas.

A alma escolhe e, depois disso, dá-se a concepção, ou esta ocorre e, depois, a alma faz a sua escolha? Algumas pessoas nascem para uma vida dura e difícil. Certamente, a alma não opta por isso?

A alma pode escolher para que lugar transmitirá sua energia espiritual durante uma vida na Terra. Uma alma que decide passar por uma existência física, por meio de sua energia espiritual, estabelece uma conexão com a energia vital no momento da concepção. As almas entram em sintonia com a região em que decidiram nascer, ou com os pais mais adequados para a formação física de sua energia espiritual. Como toda concepção necessita de energia espiritual para ter vida, e o padrão de vida é importante, certas almas se associam até mesmo nas circunstâncias mais terríveis, mesmo sabendo que passarão por momentos muito difíceis. Essas escolhas de uma vida na Terra incluem a necessidade de chamar a atenção de todos nós para a falta de atenção ou de apoio de certas pessoas, bem como para incentivar os que têm uma situação melhor a ajudar e proteger todos os necessitados. Na Terra, compartilhamos a experiência física. Se ajudamos uns aos outros, elevamos a qualidade de vida de todos. Nós temos a capacidade, através de nossa energia espiritual, de eliminar nossos medos e alcançar o sentido da Unidade, sem perder nossa individualidade.

Pessoas que nascem juntas, os gêmeos, por exemplo, compartilham um mesmo espírito?

Não. Cada um de nós possui uma energia espiritual diferente, proveniente de uma alma diferente. Os gêmeos podem compartilhar um único óvulo, que é físico, mas não única alma ou uma única energia espiritual. Cada espírito tem seu próprio caminho a seguir, e cada alma busca a totalidade. Durante nossa permanência na Terra, buscamos individualmente a consciência nos três níveis de vida, o corpo, o espírito e a alma.

O que deixamos na Terra quando o nosso corpo físico perece?

Durante a nossa vida na Terra, deixamos lembranças nossas nos lugares em que vivemos e nas pessoas que conhecemos. Toda ação produz energia e, quando ajudamos as pessoas, individualmente ou em grupo, nós ajudamos essas pessoas a ajudarem a si mesmas. Se trabalhamos para melhorar as condições de vida dos outros, devemos perguntar quais são as necessidades, demonstrar capacidade, se necessário, e proporcionar a ajuda requisitada. Isso produz nas pessoas a energia e o desejo de fazer mais. A lembrança das pessoas que fomentaram a ajuda permanecerá. O oferecimento de ajuda e atenção permanece na memória dos envolvidos muito tempo depois do fato. A memória está impressa no registro da aura, na atmosfera e nas construções. A reunião em determinados lugares para juntar energias e enviá-las aos necessitados cria uma memória. Podemos sentir a energia num ambiente. Ela não desaparece se for energizada por outras pessoas, e será eterna se as pessoas se interessarem pelo seu aumento.

A energia da memória está sendo produzida por cada um de nós o tempo todo. As lembranças permitem que as pessoas e os fatos existam na mente humana. Quando alguém morre fisicamente e outras querem lembrá-lo, elas procuram recordar os detalhes, vasculhando a memória em busca dos fatos. Se o pai morre, os filhos comentarão: "Lembra de quando ele nos levou...?" — e uma lembrança antiga e querida será reavivada. As pessoas vivem das lembranças e, se reavivarmos essas lembranças, elas serão reenergizadas e continuarão a ter vida. Elas enfraquecem, mas não desaparecem. Mesmo quando as pessoas não se lembram mais, as recordações ficam impressas na consciência conjunta da humanidade para sempre.

Quando participamos de reuniões, de grupos ou de determinado acontecimento, as razões de cada um de nós são diferentes. Cada pessoa é influenciada de maneira diversa e segundo a lembrança que tem do acontecimento. Se temos uma experiência maravilhosa, ainda que por um instante, não poderemos voltar a ser os mesmos; o bom momento agora tornou-se parte da nossa memória e da nossa energia, e teremos adquirido uma nova qualidade.

Mais vale ter a lembrança de um bom momento do que de uma dúzia de momentos medíocres. Uma boa recordação partilhada é um belo presente. Encontrar uma pessoa que nos faz lembrar de uma experiência maravilhosa pode influenciar-nos; o dia inteiro poderá iluminar-se e haverá um brilho em torno de nós. Podemos ver ou ouvir casualmente alguma coisa que nos entusiasma, um rosto, uma cena que recordaremos talvez durante muitos dias, causando uma impressão tão forte a ponto de reavivar a memória. Se visitamos um lugar e sentimos harmonia, deixamos boas vibrações e as lembranças permanecem vivas muito depois da nossa visita.

Evidentemente, nós também deixamos e guardamos lembranças tristes ou assustadoras. Podemos passar por determinadas situações em que alguém prometeu ajuda, iniciou um movimento mas não o terminou. A pessoa necessitada se lembra da promessa e tem uma lembrança triste. Quando uma pessoa demonstra preocupação, a energia é leve e a lembrança é forte.

Infelizmente, lembranças tristes e traumáticas deixam um registro tão forte quanto as boas lembranças, e também afetam todos nós. Nós deixamos para trás lembranças nossas enquanto vivemos e quando partimos; por isso, devemos ser um pouco mais cuidadosos em relação a essas lembranças!

Nós trazemos conosco certo desequilíbrio proveniente de vidas passadas para que sejam esclarecidos ou superados na vida atual, encontrando pessoas que já conhecíamos antes e a quem tratamos mal, ou que nos maltrataram, a fim de repararmos o passado?

A espécie humana, nos seus diferentes níveis, existe na Terra há milhões de anos, e a nossa alma, o nosso verdadeiro ser, tem evoluído regularmente durante todo esse tempo. A evolução e a sutileza da alma inclui a experiência de inúmeras vidas na Terra. O que importa são os nossos atos nesta vida e o nosso comportamento; não podemos reviver o passado.

A vida é uma experiência contínua da alma, que é imortal. Nossa vida na Terra, na qualidade de seres físicos, faz parte dessa evolução da alma, e cada vida é elaborada, avaliada e assimilada pela alma antes que seja possível voltar a viver na Terra. Cada vida é completa, independentemente do que aconteceu ou de sua curta ou longa duração.

Nós nascemos para a nova vida na Terra com o propósito de escrever mais um capítulo da existência. Não podemos reescrever o que já foi escrito. A alma irá entrar em sintonia com seu espírito na Terra por meio das idéias, da compaixão, do encorajamento, das pistas e das lembranças de experiências registradas em vidas passadas, mas não como uma punição. Nós não voltamos à Terra para esclarecer vidas passadas nem para repeti-las, mas, de fato, quando necessário, temos lembranças das experiências por que passamos.

Para a nossa alma, cada existência pregressa é como um dia para nós nesta vida. Nossa vida atual parecerá um dia, quando voltarmos para a nossa alma no final desta vida. A arte da vida consiste em viver cada dia na sua plenitude, utilizando o passado como experiência e planejando o futuro. Podemos usar as vidas passadas como experiência, mas não podemos repeti-las. Não podemos voltar a ter cinco anos de idade nesta vida, assim como não podemos ser a pessoa que fomos numa outra vida.

Uma vida passada constitui uma experiência adquirida para ser usada e não revivida. Não podemos repetir o que quer que seja exatamente como foi. Todas as pessoas e todas as situações se transformaram e avançaram. Quando estabelecemos uma ligação com determinada lembrança ou com determinado padrão de uma vida passada, ligação essa que se dá em virtude da nossa situação atual, em vez de utilizar o conhecimento para superar a razão, alguns utilizam-no como justificativa para sentimentos e reações em relação às pessoas que conhecem.

Certas pessoas acreditam que continuam a ser as mesmas pessoas que foram na sua existência anterior na Terra, e que essas pessoas continuam vagando em algum lugar dos céus até chegar o momento de retornarem à Terra, quando então, nascem de novo. Não é assim que acontece. Pense em termos de continuidade: nada permanece igual. Como almas, somos um acervo de conhecimentos, de fatos e experiências.

Uma vida é um fragmento deste todo. Quando a energia espiritual vem à terra para ter a experiência da vida física, ela vem encontrar outras energias espirituais, representando almas de todos os níveis de evolução. A Terra é o único lugar no qual essa energia espiritual proveniente de vários níveis da alma, por mais diferentes que sejam, podem se reunir e se comunicar, porquanto compartilhamos a mesma vibração física, através da qual atuamos. Como almas, vivemos no nível de energia que alcançamos. É muito difícil para a alma atuar no nível de outra vibração. A alma considera a vida na Terra como uma experiência fundamental, na qual a comunhão, o carinho e o aprendizado estão à disposição de todos. Estamos aqui para ajudar uns aos outros e também o planeta. Todos respiramos o mesmo ar e somos parte de um amplo padrão energético. Cada um de nós é totalmente individual, mas tentando não ser individualista.

Muitas pessoas se resignam ao sofrimento, pois ouviram falar que suas experiências e dificuldades são o resultado do seu comportamento numa vida passada. Em vez de buscar a causa dos seus problemas nesta vida e enfrentá-la, aceitam a experiência como uma punição. Usar existências anteriores como desculpa elimina a escolha de nossas ações hoje. Nós criamos o nosso próprio destino de acordo com nossas vidas e escolhas diárias.

No processo de descoberta do porquê de nossas atitudes, podemos colher a lembrança de uma vida pregressa, não porque a estamos revivendo ou sendo punidos como conseqüência dessa existência anterior. Não podemos ocupar-nos de vidas passadas no presente, pois não somos fisicamente a mesma pessoa, nem tampouco estamos no mesmo nível espiritual em que nos encontravámos em outra vida. Nosso meio ambiente é diferente, assim como nossos pais e nossa herança genética, nossa educação, nossa alimentação; tudo em nós é totalmente diferente. A alma evolui o tempo todo, seja numa vida na Terra ou não.

Aquilo que é ou não aceitável em uma vida na Terra pode sofrer uma total transformação em outra encarnação. Épocas e estruturas sociais diferentes determinam modos de vida e aceitação diferentes. Retirar fatos históricos do seu contexto e tentar julgá-los como somos hoje constitui um desequilíbrio, assim como retirar uma vida passada do seu contexto e julgá-la no presente.

A alma não libera a própria energia espiritual para uma vida na Terra até que tenha esclarecido a existência anterior. Nós estamos na Terra para praticar, aprendendo e ensinando, a ajuda mútua, a purificação e a responsabilidade pelo planeta.

Uma das razões da nossa vinda à Terra é a elevação da consciência conjunta da espécie humana, aperfeiçoando nossa atitude em relação às pessoas e à vida como um todo, para um nível superior da humanidade.

Nossos problemas pessoais e cotidianos são importantes durante a nossa permanência na Terra, mas não tanto quando nosso corpo perece e o espírito volta para a sua alma, procurando integrar-se. As questões que afetam a nossa vida são muito importantes, pois todos influenciamos as vidas uns dos outros. Essas questões precisam ser avaliadas, na tentativa de adquirir compreensão e clareza.

O que serve para as nossas vidas anteriores serve para a nossa vida atual; é importante compreender e perdoar a nós mesmos. Não podemos nos torturar eternamente por coisas que fizemos quando jovens, num ambiente diferente, com professores e circunstâncias diferentes.

Precisamos reconhecer que agimos de determinada maneira devido àquelas circunstâncias e à falta de compreensão. Temos de procurar nos corrigir; porém, quando isso não é possível, devemos assimilar o fato e seguir em frente. Tudo o que fazemos é parte de nós, e nada pode ser retirado do registro da nossa vida, ou do registro da nossa alma.

Às vezes, podemos nos envolver em situações que nos permitem agir de maneira inaceitável. Quando jovens, somos muito vulneráveis e nos falta a sabedoria. Somos "bombardeados" de todos os lados por imagens, sons e idéias. Às vezes, juntamo-nos a determinados grupos porque são diferentes, ou fazemos experiências e nos viciamos, física ou mentalmente. Alguns lutam por ideais que não são os seus, pois são muito jovens e inexperientes para compreender. Esses momentos da nossa vida fazem parte do crescimento e da compreensão. Tudo aquilo por que passamos ao longo da vida faz parte da nossa pessoa como um todo; por conseguinte, é válido, pois nos transforma naquilo que somos. Sempre poderemos fazer uma avaliação e nos adaptar, se realmente quisermos. O mesmo se aplica às vidas passadas.

Não podemos perdoar nem ser perdoados sem a compreensão. Precisamos ser capazes de perdoar a nós mesmos. Essa é a tarefa mais difícil. O perdão de outra pessoa não tem significado se não pudermos perdoar a nós mesmos. Quando somos injustos com alguém, precisamos da compreensão dessa pessoa e não devemos repetir esse ato. A compreensão é tudo o que podemos pedir, e pode ser difícil obtê-la. Uma pessoa pode dizer que nos perdoa sem compreender totalmente a nossa atitude. Se procurar entender ou se de fato entender por que agimos de determinada maneira, o desenvolvimento tornar-se-á possível em ambas as partes.

Quando nosso espírito volta para sua alma, no momento da morte, ele tem a oportunidade de encontrar os espíritos daqueles que ainda estão vivos e em relação aos quais ele se sente em falta. Durante o sono físico dessas pessoas, as energias espirituais podem se encontrar e tentar entender o porquê, na vida física, de certos fatos.

A pessoa encarnada freqüentemente acorda, lembrando-se de ter sonhado com alguém que morreu, recordando o diálogo e a explicação, e percebendo que a raiva e o medo desapareceram e que, no seu lugar, instalou-se a paz. Muitas vezes ouvimos as pessoas contarem que foram dormir odiando alguém e que, pela manhã, perceberam a inutilidade desse sentimento, pois nada daquilo tinha mais importância. Nós vivemos o momento presente e não as vidas passadas.

O espírito não pode ser absorvido pela sua alma até que haja harmonia entre ambos. A desarmonia resultante da existência anterior precisa dar lugar à harmonia. Certos espíritos precisam esperar até que a pessoa, de cuja compreensão necessitam, morra, e que o seu espírito retorne para sua alma, para que então seja alcançado o entendimento. O espírito pode estar disposto a compreender coisas durante a vida na Terra, mas a memória cerebral pode ser incapaz de aceitar e esquecer as experiências difíceis. Só podemos voltar para este planeta quando todas as experiências passadas tenham sido aceitas e elucidadas. Nós não voltamos como a mesma pessoa, mas como uma energia da nossa alma. Nossa alma nunca vem à Terra. O espírito que somos hoje faz parte da alma como um todo, e pode entrar em sintonia com as experiências e lembranças de existências passadas. Acreditar que trazemos para a Terra um lista de fatos passados implica trazer de volta registros que não guardam relação com a energia espiritual que nós somos, por se tratar de outra experiência, de outra personalidade, de outra época, de outro lugar, e tudo foi levado a termo antes do nosso retorno como uma nova energia.

Estamos sempre mudando, como entes físicos e almas espirituais. Algumas almas decidem ter uma experiência física, por meio da energia espiritual, no mesmo local. Isso não significa repetir uma vida, mas sim que a atração energética de certos lugares é forte e sedutora. Às vezes, uma vida breve na Terra pode se tornar uma lembrança que a alma quer explorar mais e uma nova vida terá início logo depois do fim da vida anterior. O espírito que volta para a sua alma, depois de uma vida curta na Terra, integra-se com muita rapidez.

Algumas almas transmitem a sua energia espiritual para a Terra depois de terem se passado séculos; outras preferem retornar poucos meses depois. Cabe inteiramente à alma decidir quando sua energia espiritual irá retornar. Ela assimilará sua própria evolução, a evolução do planeta e a evolução de outras pessoas. Estas são as três metas principais para uma nova vida. Se olharmos para trás na nossa vida atual, poderemos perceber o momento em que determinada meta foi mais importante do que outra.

Se compartilharmos nossas experiências e conhecimentos, poderemos ajudar outras pessoas. Se esse conhecimento impedir qualquer tipo de contaminação das pessoas na Terra, estaremos ajudando o planeta. Todos estão unidos e entrelaçados. Se realmente olharmos para a nossa vida, poderemos perceber os fios entrelaçando-se a cada dia, e veremos o que estamos fazendo para alcançar cada meta. Em cada propósito essencial existem inúmeros propósitos pessoais. A vida é fascinante quando a observamos e quando percebemos como tudo se combina. Então, podemos ver quais são as nossas opções, permitindo que o passado se torne uma experiência adquirida, assim como permitimos que nossas vidas passadas se tornem uma experiência adquirida. Viver no passado nesta vida, ou viver as existências anteriores, representa uma grande perda para o nosso presente e para o nosso futuro.

MÃOS DE LUZ

Barbara Ann Brennan

Este livro é de leitura obrigatória para todos os que pretendem dedicar-se à cura ou que trabalham na área da saúde. É uma inspiração para todos os que desejam compreender a verdadeira essência da natureza humana.

ELISABETH KUBLER-ROSS

Com a clareza de estilo de uma doutora em medicina e a compaixão de uma pessoa que se dedica à cura, com quinze anos de prática profissional observando 5000 clientes e estudantes, Barbara Ann Brennan apresenta este estudo profundo sobre o campo energético do homem.

Este livro se dirige aos que estão procurando a autocompreensão dos seus processos físicos e emocionais, que extrapolam a estrutura da medicina clássica. Concentra-se na arte de curar por meios físicos e metafísicos.

Segundo a autora, nosso corpo físico existe dentro de um "corpo" mais amplo, um campo de energia humana ou aura, através do qual criamos nossa experiência da realidade, inclusive a saúde e a doença. É através desse campo que temos o poder de curar a nós mesmos.

Esse corpo energético – pelo qual a ciência só ultimamente vem se interessando, mas que há muito é do conhecimento de curadores e místicos – é o ponto inicial de qualquer doença. Nele ocorrem as nossas mais fortes e profundas interações, nas quais podemos localizar o início e o fim de nossos distúrbios psicológicos e emocionais.

O trabalho de Barbara Ann Brennan é único porque liga a psicodinâmica ao campo da energia humana e descreve as variações do campo de energia na medida em que ele se relaciona com as funções da personalidade.

Este livro, recomendado a todos aqueles que se emocionam com o fenômeno da vida nos níveis físicos e metafísicos, oferece um material riquíssimo que pode ser explorado com vistas ao desenvolvimento da personalidade como um todo.

Mãos de Luz é uma inspiração para todos os que desejam compreender a verdadeira essência da natureza humana. Lendo-o, você estará ingressando num domínio fascinante, repleto de maravilhas.

EDITORA PENSAMENTO

A AURA PESSOAL

Dora van Gelder Kunz

A Aura Pessoal é um estudo original e extraordinário da aura humana. Através de belas ilustrações, a autora retrata as energias emocionais que permeiam a aura de todos nós. As mudanças que ocorrem na infância até a velhice aparecem registradas na aura de várias pessoas. As ilustrações deste livro mostram, também, as mudanças que ocorrem na aura durante uma doença e nos diferentes estados de ânimo que o ser humano vivencia. Este livro apresenta uma nova visão desses aspectos sutis da constituição humana que estão invisíveis para a maioria de nós e, ao mesmo tempo, oferece sugestões úteis para transformar nossos padrões emocionais mais desafiantes.

A Aura Pessoal dá uma contribuição única aos profissionais da saúde e a todos aqueles interessados em conhecer e compreender sua psicodinâmica. Este livro define com clareza e confere um profundo significado a uma habilidade perceptiva sutil que podemos desenvolver naturalmente.

As idéias aqui apresentadas podem modificar a visão que temos de nós mesmos e ampliar a compreensão da nossa constituição, de nossos poderes, influências e, conseqüentemente, responsabilidades. A dra. Kunz mostra que estamos interligados, sob formas antes ignoradas, ao universo e, sobretudo, a outros seres humanos com os quais compartilhamos influências das quais não suspeitávamos, mas cujo potencial é fascinante.

* * *

Dora van Gelder Kunz é uma clarividente nata que mais tarde desenvolveu seus dons durante sua associação com C. W. Leadbeater, autor de *Os Chakras* e de *O Homem Visível e Invisível*. Já há muitos anos seu trabalho está associado com as novas descobertas no campo da cura e, junto com a dra. Dolores Krieger, desenvolveu uma técnica chamada "toque terapêutico". É autora de vários livros e foi presidente da Sociedade Teosófica Internacional.

EDITORA PENSAMENTO

NOVAS DIMENSÕES DA CURA ESPIRITUAL

Frances Vaughan

Nos dias de hoje, quando existem ameaças sem precedentes à sobrevivência da humanidade, a psicoterapeuta Frances Vaughan exorta as pessoas a assumir a responsabilidade por suas vidas. "Nós *podemos* mudar e crescer", afirma a autora, "e cabe a nós a responsabilidade de fazer em nossa vida mudanças que nos permitam contribuir para o bem-estar geral."

Vaughan argumenta com convicção que psicoterapia e espiritualidade são aspectos complementares do desenvolvimento humano, e que ambos são essenciais para se alcançar condições ideais de saúde física, emocional, mental, existencial e espiritual. Esclarecendo a relação entre crescimento e desenvolvimento interior e exterior, ela guia o leitor numa viagem espiritual de cura e auto-habilitação.

Novas Dimensões da Cura Espiritual é um livro indispensável no campo da psicologia transpessoal e oferece exercícios criados a partir de situações empíricas com o propósito de estimular a cura do indivíduo.

* * *

Frances Vaughan, Ph.D., é psicoterapeuta praticante há mais de quinze anos e foi presidente da Associação de Psicologia Transpessoal. É autora de quatro livros e de numerosos artigos. Com Roger N. Walsh organizou *Além do Ego – Dimensões Transpessoais em Psicologia*, também publicado pelas Editoras Cultrix/Pensamento.

EDITORA CULTRIX

AS CORES DA NOSSA ALMA — Um Guia para as Cores da Aura e dos Chakras

Ingrid S. Kraaz von Rohr

A luz e as cores desempenham uma importante função de ligação entre nossas sensações físicas e emocionais, por um lado, e, por outro, entre o domínio da alma e o do espírito. A luz e as cores podem, portanto, equilibrar as vibrações desarmônicas e, com isso, eliminar a verdadeira causa das doenças. Quando perturbações nos afetam, seja através de pensamentos ou de sentimentos, altera-se a harmonia do nosso equilíbrio cromático. É aqui que aplicamos a terapia da luz e das cores.

A celebrada escritora e cromoterapeuta Ingrid S. Kraaz von Rohr mostra-nos neste livro como conhecer e usar adequadamente a energia terapêutica das cores. A aura e os chakras do ser humano são o ponto central da sua terapia.

Em *As Cores da Nossa Alma*, a autora descreve:

- as cores e funções da aura e dos chakras;
- como podemos ver, conhecer e sentir a aura e os chakras;
- as relações entre possíveis manchas na aura e as doenças;
- as relações entre as cores e os florais de Bach;
- as funções físicas, emocionais e mentais que as cores harmonizam e ativam;
- as práticas e as meditações para o desenvolvimento espiritual.

As diversas propostas terapêuticas, abarcando os planos físico, emocional e espiritual, o "Relógio das Cores" e o "Teste das 12 Cores", criados pela autora e incluídos nesta obra, fazem dela uma referência indispensável e oferecem um caminho inédito para obtermos informações sobre o poder de cura e o significado das cores em relação aos nossos problemas.

***

A autora, Ingrid S. Kraaz von Rohr, formada em naturoterapia, é também médica homeopata. Suas especializações abrangem a cromoterapia, a fotografia Kirlian, a psicologia e os florais de Bach. Dirigiu o Centro de Treinamento Profissional Avançado da Associação Profissional dos Naturoterapeutas Alemães. Fundou a "Academia Internacional para Medicina Complementar Natural", que congrega os diversos métodos de cura natural. Ingrid dirige essa academia, tem sua própria clínica e ministra regularmente palestras e seminários para terapeutas e leigos em diversos países da Europa e também nos Estados Unidos.

HARA — O Centro Vital do Homem

Karlfried Graf Dürckheim

Nas discussões atuais sobre o corpo e a alma surge uma nova voz que deve ser ouvida por todos os que se dedicam à análise dos problemas da humanidade com vista à sua evolução: Karlfried Dürckheim, com seu livro *Hara — O Centro vital do Homem.*

O conceito de Dürckheim sobre o ser humano transcende a distinção entre corpo e alma no contexto de um "indivíduo" destinado a manifestar o Ser divino na vida material e que pode ser ajudado a cumprir esse destino com exercícios mais avançados do que os que costumam ser propostos pela medicina e pela psicologia tradicionais.

Em japonês, *Hara* não significa apenas "barriga" no sentido anatômico do termo, mas contém um significado existencial. Só quem consegue concentrar a gravidade no centro do corpo físico e preservá-la aí tem a chance de amadurecer; e, como pessoa madura, esse ser humano pode transcender o eterno "morrer e renascer" implícito nas leis básicas da vida. Hara não significa "algo físico", nem tampouco "algo espiritual". Hara *é* o ser humano centrado na unidade original. Quem tem Hara demonstra-o com o aumento de sua força vital e com sua maior capacidade de suportar o sofrimento.

Ao mesmo tempo, o Hara serve de elo de ligação entre o Eu sobrenatural, ou divino, e o Eu comum do homem, entre a "experiência religiosa" da unidade original e sua manifestação real no mundo. O conhecimento do Hara é uma das pérolas da sabedoria oriental, mas seu significado humano tem alcance universal.

Karlfried Dürckheim, catedrático de Psicologia e Filosofia na Universidade de Kiel, Alemanha, dedica a segunda parte do seu livro a exercícios práticos para a obtenção do Hara. A introdução de exercícios como parte da grande terapia existencial é uma novidade e atende amplamente às necessidades manifestadas pelo homem moderno.

EDITORA PENSAMENTO

AS CORES DA TUA AURA

Lea Sanders

Lea Sanders é um dos poucos seres humanos capazes de ver, de curar e de interpretar a aura de seus semelhantes.

Neste livro, ela fala de sua infância e do segredo que só podia confiar à sua avó: ela via algo como um arco-íris envolvendo as pessoas. Cada pessoa tinha o seu espectro próprio de cores. Com o transcorrer do tempo, ela descobriu que cada cor tinha um significado próprio e indicava a condição de saúde da pessoa, bem como o seu caráter. E observou o modo como a irradiação das cores mudava conforme se alterassem os sentimentos dos indivíduos.

Essas experiências, que Lea Sanders já fazia quando ainda era uma menininha e que teve a oportunidade de repetir durante toda a sua vida, podem agora ser encontradas na presente obra porque foram organizadas em esquemas compreensíveis visando ajudar o leitor.

Os exercícios e as meditações aqui propostos mostram que todos podemos aprender a ver a aura de um ser humano.

EDITORA PENSAMENTO

VISUALIZAÇÃO CRIATIVA

SHAKTI GAWAIN

Best-Seller internacional, com mais de meio milhão de exemplares vendidos, *Visualização Criativa* contém meditações, exercícios e técnicas que podem passar a fazer parte da sua rotina diária, para aumentar seu domínio pessoal sobre a vida.

Este livro ensina a usar sua imaginação criativa natural de uma maneira cada vez mais consciente, como uma técnica capaz de criar aquilo que cada um deseja: amor, realização pessoal, alegria, relacionamentos gratificantes, trabalho compensador, expressão própria, saúde, vitalidade, beleza, prosperidade, harmonia, paz interior. . .

O método aqui apresentado por Shakti Gawain tem sido usado com sucesso nas áreas da saúde, da educação, dos negócios, bem como no atletismo e nas artes criativas.

Mágico, no sentido mais elevado e mais realista do termo, o método aqui apresentado pela autora envolve a compreensão dos princípios naturais que governam as forças do Universo e ensina como utilizá-los para mudar radical e positivamente o seu modo de viver.

EDITORA PENSAMENTO

Outras obras de interesse:

EXPERIÊNCIAS FORA DO CORPO
Susan J. Blackmore

A REGRESSÃO A VIDAS PASSADAS COMO MÉTODO DE CURA
Thorwald Dethlefsen

INVESTIGANDO VIDAS PASSADAS
Raymond A. Moody, Jr.
Paul Perry

NUMEROLOGIA - Segundo o Tantra, o Ayurveda e a Astrologia
Harish Johari

A NUMEROLOGIA E O TRIÂNGULO DIVINO
Faith Javane e *Dusty Bunker*

NUMEROLOGIA - A Importância do Nome no seu Destino
Monique Cissay

MANUAL DE NUMEROLOGIA
Ellin Dodge e *Carol Ann Schuler*

A AURA HUMANA
Walter J. Kilner

AURAS HUMANAS
Colette Tiret

MANUAL DA AURA
Laneta Gregory e *Geoffrey Treissman*

O MISTÉRIO DA AURA HUMANA
Ursula Roberts

A AURA PESSOAL
Dora van Gelder Kunz

A ENERGIA ESPIRITUAL E SEU PODER DE CURA
Dudley Blades

INICIAÇÃO À ARTE DE CURAR PELO MAGNETISMO HUMANO
Paul-Clément Jagot

SUAS MÃOS PODEM CURAR
Ric A. Weinman

A ENERGÉTICA DA ESSÊNCIA
John C. Pierrakos